근대
유럽의 절대 군주는 어떻게 살았을까?

민음 지식의 정원 서양사편
008

유럽의 절대 군주는 어떻게 살았을까?

임승휘

민음인

차례

머리말 　절대 군주란 무엇인가? 　　　　　　　　　　　　6

1　절대 군주는 어떻게 탄생했을까?　　　　　　　13
먹고사는 게 힘들었기 때문이었을까?
새로운 전쟁 기술이 등장했기 때문일까?
국가의 운명이 위기에 처했기 때문이었을까?
무엇을 의지해야 할지 알 수 없었기 때문일까?

2　국왕의 절대적인 권력은 어떻게 정당화되었을까?　35
절대 왕정 이론은 어디에서 유래했을까?
장 보댕은 주권을 어떻게 정의했을까?
누가 절대 군주에게 정치적 책임을 물을 수 있을까?

3　통치는 어떻게 이루어졌을까?　　　　　　　　53
프랑스의 절대 군주는 어떻게 통치했을까?
브란덴부르크 프로이센의 절대 왕정은 어떤 모습이었을까?

4	**절대 군주는 어떻게 살았을까?**	71
	루이 14세는 왜 베르사유로 이사했을까?	
	태양왕은 어떻게 하루를 보냈을까?	
	프로이센의 왕들은 어떻게 왕 노릇을 했을까?	
5	**절대 군주는 정말 절대적이었을까?**	93
부록	**영국은 왜 대륙의 나라들과 다른 길을 걸었을까?**	103
	영국 혁명은 어떻게 절대 왕정을 좌절시켰을까?	
	대륙의 나라들과 영국은 무엇이 다른 걸까?	
	더 읽어 볼 책들	120
	봐야 할 영화	121

머리말
절대 군주란 무엇인가?

"대한민국은 민주주의 공화국이다."

우리나라 헌법 제1조가 명시하는 바에 따르면 우리가 살고 있는 정치 공동체는 국민 주권의 원리를 실현하기 위해 민주주의라는 질서를 따르면서 공공선을 추구하는 나라이다. 오늘날 대부분의 나라들은 몇몇 예외적인, 그래서 항상 문제가 되는 일부 국가들을 제외하고는 대개 민주주의 공화국의 형태를 따른다. 그리하여 국민 주권을 토대로 한 공화국의 존재는 너무나도 당연하므로 이를 문제 삼는 경우는 거의 없는 듯하다. 그것은 마치 한겨울에 눈이 내리듯, 사람이 잠을 자듯이 너무도 자연스럽게 받아들여진다.

그러나 조금만 더 주의를 기울인다면 우리가 정상이라고 생각하는 공화국이란 정치 체제는 결코 보편적인 것이 아님을 쉽게 알 수 있을 것이다. 우리에겐 구시대의 유물과 역사가 되어 버렸지만, 지구상에는 아직도 왕국들이 존재한다. 사실 이 왕정이라는 체제는 역사상 가장 오래되고 가장 보편적인, 그래서 동서고금을 막론하고 가장 일반적인 정치 질서라고 이야기할 수 있다. 사회의 질서와 안전을 보장하기 위한 가장 단순한 방법이었을 왕정은 가족의 질서와 손쉽게 비교되면서 (집안에 가장이 있듯이 나라에는 임금이 있다는 식이다.) 오랜 역사를 통해 인간에게 가장 자연스럽게 받아들여졌다. 폴리네시아, 아프리카, 남아메리카, 인도와 중국, 우리나라에서 가장 오래된 정치 형태는 다름 아닌 왕정(monarchy)[1]이었다. 유럽이라고 상황은 전혀 다르지 않다. 알렉산더 대왕이 그러했고, 로마의 카이사르가 그러했고, 중세와 근대 초의 유럽도 예외 없이 왕이 다스리고 있었다. 왕은 다양한 권력을 행사한다. 장군인 동시에 사제이고 재판관일 수 있었다. 왕은 신의 자손이거나 아니면 적어도 신성한 성질을 지닌 존재로 간주되기 일쑤였다. 기독교 국가에서 왕은 신에 의해 선택된 자였고, 신의 영감을 받을 수 있는 신의 대리인이었다. 이러한 왕은 선출되거나 세습되는데, 세습의 경우 혈통의 순수

---

[1] 그리스 어에서 유래한 이 용어는 원래 1인에 의해 행사되는 최고의 정치권력(monarchia)을 의미했다. 독일의 사회학자인 막스 베버는 '1인 통치(monocracy)'라는 용어를 사용했는데, 이 용어는 왕정과 폭정, 전제정 또는 독재정을 모두 통칭했다.

성은 곧 권력의 정당성이었다. 왕의 권력은 문화와 상황에 따라 다양하다. 그러나 왕은 권력이 제한적이라 할지라도 최고의 권위를 상징한다. 왜냐하면 왕은 인간 집단의 통일성과 영속성을 구현하기 때문이다.

절대주의, 또는 절대 왕정은 이러한 왕정의 한 형태였다. '절대주의(absolutism)'란 용어는 프랑스 혁명이 발발한 1789년 이후에 사용되기 시작한 신조어였다. (영어권에서 이 단어는 1830년 이후에야 사용되었을 뿐이다.) 그 이전에는 절대주의라는 용어 대신 절대 왕권, 절대 권력(absolute power, potestas absoluta)이란 용어를 통해 국왕의 지배권을 묘사했다. '절대'는 라틴 어 'absolvere'라는 단어로부터 유래했다. 이 말은 우선 '완성하다'라는 의미를 지녔는데, 그런 점에서 절대 왕정이란 완성된 왕정을 의미했다. 또한 거기에는 '관계를 끊다', '해방하다'라는 의미도 포함되었는데, 이런 점에서 절대 왕정은 법과 관습의 복종으로부터의 해방된, 그래서 어떤 다른 권위에 대해서도 복종하지 않으며 아무런 제약 없이 국왕이 권력을 행사하는 정치 체제를 뜻한다.

사실 절대 왕정 체제가 지닌 매력은 다양하다. 절대 군주들은 이보다 더 강할 수는 없다는 듯이 자신의 권력을 자랑했다. 프랑스의 절대 군주 루이 14세(Louis XIV, 1638~1715)는 스스로를 젊은 아폴로라고 불렀고 자신이 거처하는 궁의 구석구석을 이름 깨나 알려진 그리스 신들로 도배하듯이 장식하면서 프랑스의 국왕, 나아가 유럽의 일등 군주임을 자랑했고 신처럼 군림하고자 했다. 새로운 엘리제는 이제 파리에서 남서쪽으로 수십 리 떨어져 있는 베르사유에 자리 잡았다. 베르사유 궁의 정원에서 교태를 부리고 있는 온갖 식물들과 (그중엔 머나먼 나라에서 공수해 온 이국적 식물들도 있다.) 이탈리아산(産) 대리석은 자연을 대표하여 태양 루이에게 복종한다. 그 화려한 '거울의 방(Galerie des Glaces)'도 태양빛 없이는 무용지물일 뿐이다. 베르사유의 교훈은? 태양 없는 자연이 무기력하듯이 루이 없는 프랑스 왕국은 존재하지 않는다는 사실을 천하에 알리는 것이다.

  절대 군주에 대한 이러한 묘사를 접하면 절대 왕정과 전제적 왕정이 다를 게 무엇인지 의문스러워진다. 하지만 절대 왕정과 전제적 왕정은 분명 다르다. 절대 왕정 시대를 살던 관찰자들도 양자의 차이를 분명히 구분하고 있었다. 1765년의 『백과전서(Encyclopédie)』[2]는 "절대적인 권력과 자의적이며 전제적인

---

[2] 18세기 프랑스의 계몽사상가들이 펴낸 백과사전. 디드로와 달랑베르의 주도하에 다양한 사상가들의 집단 작업으로 이루어졌다.

권력을 혼동하지 말 것"을 분명히 경고하고 있다. 17세기 초에 절대 왕정의 이론가였던 샤를르 루아조(Charles Loyseau, 1564~1627) 역시 절대 군주와 '영주권'을 행사하는 군주를 구분해야 한다고 강조했다. 그에 따르면, 영주제에서 권력은 영지 소유자의 사유 재산이었다. 이 권력이 주권으로 확립된 곳에 바로 국가가 수립되고 따라서 주권은 국가의 본질이다. 완전무결하고 절대적인 주권은 국가를 소유한 자들의 것이다. 민주제에서는 인민이, 귀족제에서는 귀족들이, 왕정에서는 국왕이 주권의 소유자이다. 그러나 이 주권은 결코 완전한 사유 재산이 아니다. 주권자의 권력은 세 가지 종류의 법, 즉 신법과 자연법 그리고 왕국의 기본법에 의해 제한을 받기 때문이다. 이와는 반대로 전제 군주와 영주권을 행사하는 군주는 백성의 재산과 인신을 사유 재산처럼 소유한다. 그러한 군주에 의해 다스려지는 백성들은 신체적 자유를 갖지 못하며, 오직 군주가 용인하는 한에서만 재산을 소유할 뿐이다. 이러한 군주정은 "우리 모두를 자유롭게 만드는 자연의 순리를 거스르고 있다." 게다가 영주권적 군주정은 오로지 쿠데타나 침략과 같은 강제적인 힘에 의해서만 존속할 수 있다. 그것은 '야만적'이며 '기독교 군주에게는 수치스러운' 일이다.

유럽의 절대 왕정은 어떠한 시대적 배경에서 태어났고, 절대적인 왕권이 어떠한 방식으로 정당화되었을까? 실제로 절대 군주는 자신의 왕국을 어떻게 통치했고, 어떠한 삶을 살았던가? 절대주의 시대는 시기적으로 16~18세기까지 약 250년간의 시대를 지칭한다. 이 시기는 대외적으로 국제적인 분쟁이 끊이지 않았던 시대였다. 그 결과 국제 관계에서 세력 균형의 원칙이 대두되었다. 국왕은 자신의 권력을 신으로부터 부여받았기에 신 이외에는 그 누구에게도 책임을 지지 않는다는 것을 주장하는 왕권신수설이 절대 왕정의 이론적인 골격을 이룬다. 절대 왕정 시대의 경제는 오늘날의 자본주의와는 다른 중상주의에 의해 지배되었다. 왕권을 절대화하려는 노력은 우선 국왕에 의한 군사력의 독점과 보다 효율적인 사법 및 행정 체제의 확립, 이를 위한 충성스러운 관료 집단, 그리고 이러한 모든 변화를 뒷받침할 수 있는 재정적인 자원의 확보, 즉 조세 제도의 확립으로 이어졌다.

절대주의적 지배 체제는 매력과 혐오감을 동시에 불러일으켜 왔다. 대략 16세기로부터 18세기까지를 중심 무대로 하는 절대 왕정은 시기적으로 유럽 사회가 봉건 사회를 탈피하여 근대적 발전 단계로 접어든 시점에 위치한다. 절대 왕정 국가는 중세의 지방 분권적 정치 체제를 지양하고 왕권을 중심으로 국가 통일과 행정·사법·군사 면에서 중앙 집권을 달성하고자 했다. 특히 관료제의 발전과 용병을 주력으로 하는 상비군은 국왕에게 전국적인 행정력과 무력의 독점을 의미하는 것으로 왕권 강화의 첫걸음이었다. 여기에 조세 강화는 절대적인 왕권을 가능하게 한 또 하나의 필수 요건이었다. 하지만 비대한 관료제와 상비군 그리고 그것을 지탱해 주는 조세 강화를 3대 요소로 하는 절대 왕정은 하늘에서 갑자기 떨어진 신의 선물이 결코 아니었다. 그것은 중세 이래 유럽이 경험한 여러 역사적 요인들의 복합적인 산물이었다.

1

절대 군주는
어떻게 탄생했을까?

- 먹고사는 게 힘들었기 때문이었을까?
- 새로운 전쟁 기술이 등장했기 때문일까?
- 국가의 운명이 위기에 처했기 때문이었을까?
- 무엇을 의지해야 할지 알 수 없었기 때문일까?

절대주의를 준비했던 시대는 '철의 세기(Iron century)'라 불리는 시련의 시간이었다. 16세기부터 18세기에 이르는 기간 동안 유럽은 잦은 전쟁과 학살극, 마녀사냥, 신·구교 간의 종교적 갈등과 경제적 어려움에 시달렸다. 사회는 귀족과 부르주아지 그리고 농민 계층 간의 갈등을 겪었고, 국가는 통치 질서의 확립을 위해 고군분투해야 했다. 게다가 앞선 시기에 일어난 르네상스와 과학 혁명 그리고 종교 개혁은 위기의 해결이라기보다는 또 다른 위기의 요소로 존재했다. 그것은 도덕적이자 정신적인 위기이면서, 가치관의 혼란이었다.

경제적 위기나 전쟁, 지진, 홍수와 같은 자연재해의 반복과 같이 공동체 전체를 위협하는 위험 요소들은 절대 왕정을 위한 토대이다. 특히 중세의 신분제 국가에서 절대 왕정 국가로의 이행을 촉발하는 가장 좋은 계기는 공동체를 구성하는 한 집단, 혹은 여러 집단들의 결합이 전체를 위협하는 경우일 것이다. 다음의 상황을 가정해 보자. 왕국의 한 신분 집단이 모든 이익을 독점하려 하고, 다른 신분 집단들은 이를 막을 만한 힘을 가지지 못했다면, 그들은 군주에 의지하여 지휘관으로서 그의 능력을 이용하고, 자신들이 지닌 권력의 중요한 부분을 포기하면서까지 왕의 개인적 위신과 신성한 국왕권에 도움을 받으려 할 것이다. 이러한 가정은 결코 무의미한 것이 아닌데, 실제로 이러한 상황이 칼 11세(Karl XI, 1655~1697)의 스웨덴과 펠리페 2세(Felipe II, 1527~1598) 치하의 에스파냐 그리고 루이 13세(Louis XIII, 1601~1643) 시대의 프랑스에 벌어졌다. 물론 이러한 상황이 절대적인 조건은 아니다. 브란덴부르크 프로이센에서는 국왕이 귀족과 연합하였고, 농민들에 대한 귀족의 통제력을 강화시켜 주면서 그들의 봉사를 얻어 냈다.

먹고사는 게 힘들었기 때문이었을까?

르네상스를 가능케 했던 경제 성장의 유산과 새로운 가격 동향은 일부 지역을 제외한다면 과거와 별반 다를 게 없었던 농업과 인구 구조의 지속적인 결함을 더욱 민감하게 건드렸다.

이 시기 경제의 주축은 농업이었다. 수확량은 언제나 인구에 못 미쳤고, 기근은 전염병처럼 발생했다. 그러나 사람들은 출산을 조절하지 못했고, 한집에서 스무 명이 넘는 아이가 출산되는 일이 비일비재해서 심각할 정도로 사망률이 높지 않다면 인구가 두 배로 늘어나는 데 최소 25년이면 충분할 정도였다. 다행히 이런 일은 쉽게 일어나지 않았는데 당시의 농업 기술로는 이만한 인구를 부양할 충분한 곡물을 생산하는 것이 불가능했기 때문이었다.

당시의 주된 농작물은 단위 면적당 가장 많은 칼로리를 제공하는 곡물인 밀, 호밀, 보리, 귀리, 기장, 메밀, 옥수수 등이었다. 이 중 호밀과 귀리가 주요 작물이었는데, 이것들이 밀보다 훨씬 수확량이 많았기 때문이다. 음식은 주로 수프와 빵이었다. 여건이 좋을 때에는 혼합 밀을 섭취했다. 밀가루 빵은 사치였다. 이러한 곡물은 지력을 급속히 약화시킨다. 그래서 농민들은 2~3년에 한 번 꼴로 땅을 휴한지로 남겨 놓았다. 그 결과 매년 경작 가능한 토지의 5분의 2가량이 놀게 되었다. 비료와 퇴비는 드물었다. 가축도 많지 않았는데, 그 이유는 가능한 많은 땅이 농사에 사용되는 만큼 가축을 위한 초지가 부족했기 때문이다. 사람들은 휴한지에 가축 사육을 위한 사료를 재배할 수 있다는 생각을 하지 못했다. 농민들은 비료의 부족을 엄청난 양의 파종으로 보상하려 했는데, 이렇게 해서는 효과적인 수확을 기대할 수 없었다.

그 결과 사람들은 제대로 먹지 못했고 허약했고 일찍 죽었다. 밥상 앞에서 투정 부리는 일은 이들에게는 상상도 할 수 없는 일이었다. 이들의 평균 수명은 대략 20~25세 정도였다. 아이들의 절반은 한 살을 넘기지 못하고 죽었고, 살아남은 사람들도 마흔 살을 넘기기 힘들었다. 가장 잘 먹었던 왕과 대귀족들은 대략 48~56세 사이에 사망했다. 노령 인구가 없으니 젊은 사회였다고 말할 수 있을까? 그렇지 않다. 당시는 조로하는 사회였다. 30대의 농촌 여성은 할머니처럼 늙고 주름졌다. 인구는 언제나 적었는데, 인구가 늘어나면 즉시 식량 수요가 증가했고, 곡식이 부족하니 사망률이 높아졌기 때문이다. 영국의 인구는 500만, 프랑스는 약 2000만 명 정도였다.

흉년이 들면 곡물 가격은 상승한다. 밀 소비자는 호밀을 구매하게 되고, 호밀 구매자는 더 싼 곡물을 찾는다. 결국 고급 곡물보다 질 낮은 곡물의 가격이 더 빨리 상승한다. 흉년이 든 해에 사망률이 급변하는 것은 아니지만, 흉년이 겹치게 되면 기근은 전염병을 동반하면서 재난으로 변한다. 사실 천연두, 티푸스, 콜레라, 그리고 흑사병과 같은 질병은 그 지역의

문명 상태를 말해 준다.

  기근과 전염병은 또한 경제적 위기를 초래한다. 농업 활동이 마비되고, 일꾼들이 사라지며, 파종과 수확이 어려워지고, 결국 땅이 버려진다. 그 결과 가난하고 구매 능력이 없는 프롤레타리아트가 양산된다. 농산물의 가격이 상승하면서 귀족과 부르주아들도 몸을 사리고 이제 도시에서도 실업이 생겨난다. 이윤 추구가 어려워지면 투자도 불가능해진다. 결국 주기적인 기근은 전반적인 경제 불안을 가중시키는 것은 물론 경제 발전을 저해하게 된다.

  그런데 이러한 구조적인 경제 불안은 16세기 이후 나타난 일련의 물가 변동에 의해 악화되었다. 예를 들어 1550년부터 1600년까지 플랑드르에서 밀의 가격이 세 배 정도 상승했고, 파리에선 네 배나 상승하면서 격심한 인플레이션 현상을 보여 주었다. 소위 가격 혁명이 일어난 것이다. 가격 혁명의 가장 큰 원인은 인구 증가와 은의 유입이었다. 1450년경 유럽 인구는 5000만 명 정도였지만, 1600년경에 이르러 9000만으로 급증하였다. 앞서 설명했듯이 당시의 농업 기술과 생산성이 인구 증가의 속도를 따라가지 못하면서 식량 수요의 증가는 가격의 급등을 초래할 수밖에 없었다. 게다가 주로 멕시코와 볼리비아의 은광에서 채굴된 대량의 은은 에스파냐의 세

비야 항구로 유입되었다. 은의 대부분은 에스파냐의 군대 유지와 왕실 채무 및 해외 수입품 구매에 사용되었고, 그 결과 빠른 속도로 전 유럽으로 유통되었다. 은의 증가로 인한 통화량의 급증은 가격 상승과 화폐 가치 하락의 또 다른 요인이 되었다. 화폐 가치의 하락은 농지에서 임차료를 챙겨 왔던 프랑스 귀족에게 상당한 타격을 주었다. 물가는 치솟았고 수입은 감소했기 때문에 지출을 감당할 수 없었다. 종교 전쟁이 일어날 당시부터 빚투성이였던 귀족은 영지와 농토에 대한 권한을 공증인들에게 위임했고, 전쟁이 끝날 무렵 토지 소유주 대부분이 바뀌었다. 가격 혁명에 경기 침체가 뒤이었다. 1600년 이후 인구 증가 추세가 진정되고 은의 유입이 줄어들면서 물가가 안정되었다. 사람들은 투자를 꺼렸고, 상공업의 발전은 제한적으로 성장하거나 정체했다. 가격 상승에 의해서건 경기 침체에 의해서건 농민과 노동자들은 가장 큰 고통을 받았다.

새로운 전쟁 기술이 등장했기 때문일까?

17세기는 역사상 가장 전쟁이 많았던 시기였다. 17세기를 통틀어 유럽 대륙 전체에서 전쟁이 일어나지 않은 평화 시기는 고작 4년에 불과했다. 1598년 프랑스와 에스파냐 두 왕국 사이에 체결된 베르뱅(Vervins) 화약과 1604년 에스파냐와 영국의 평화 조약, 네덜란드의 12년 휴전 조약(1609~1621)에 따른 짧은 평화는 유럽 전체에서 볼 때 지극히 예외적인 상황이었을 뿐이다. 16세기와 18세기도 크게 다르지 않아서 절대 왕정의 성립을 둘러싼 시대는 무엇보다도 전쟁으로 얼룩진 시기였다. 절대 왕정 시기에 전쟁이 벌어진 기간은 95퍼센트를 넘었다. 이 시대에 오스트리아는 3년 중 2년, 에스파냐는 4년 중 3년, 폴란드와 러시아는 5년 중 4년이 전시였다.

이 전쟁은 물론 종교 개혁으로 나누어진 가톨릭과 프로테스탄트 세력 간의 충돌이었지만, 동시에 프랑스와 합스부르크 왕가 사이 오래된 갈등의 재발이기도 했다. 그러나 리슐리외 추기경(Cardinal de Richelieu, 1585~1642)의 오랜 바람대로 에스파냐 왕국이 무력화되었다고 해서 평화가 찾아온 것도 아니었다. 게다가 17세기인들, 그중 특히 귀족들은 전쟁을 혐오하지 않았다. 오히려 그들은 전쟁에서 자신들의 존재 이유를 정당화할 기회를 보았고, 실제로 많은 가난한 귀족들이 참전했다. 게다가 전쟁은 이제 17세기 유럽의 여러 국가가 주관하는 일종의 기업 활동이 되었고, 이로써 전쟁과 관련된 산업의 황금시대가 열렸다. 농민 대중에게서 걷은 세금의 대부분이 군사 작전과 상비군의 유지를 위해 지출되었다. 평화는 더 이상 그 자체로서 목적이 될 수 없었다. 평화는 언제나 무장 상태의 대치 상황을 의미했다.

전쟁의 장기화는 심각한 파괴를 동반했다. 아마도 가장 심각한 피해를 입은 곳은 브란덴부르크와 홀슈타인, 라인 강 유역과 보헤미아일 것이다. 1626년 전쟁에 휘말린 브란덴부르크는 15년간 전쟁터 노릇을 했는데, 이 기간 동안 농촌 인구는 대략 40퍼센트, 도시 인구는 절반으로 감소했다. 브란덴부르크의 도시 인구는 11만 3000명에서 4만 3000명으로 감소했다. 당시의 국가는 거대한 군대를 유지할 만한 자원을 스스로 동원할 능력을 결여했지만, 17세기에 들어서면서 서서히 군사력에 관한 점진적인 '국유화'가 진행되었다. 국가는 자신의 정치적 의지를 강제하면서 전시 독재 체제를 창출했다.

근대 초기를 장식한 이러한 전쟁 과정에서 소위 군사 혁명이 일어났다. 마이클 로버츠(Michael Roberts, 1908~1996)는 자신의 저서 『군사 혁명, 1560~1660(*The Military Revolution, 1560~1660*)』(1956, Belfast)에서 군사 혁명이라는 개념을 처음 사용했는데, 그는 근대 초에 이르러 네 가지 핵심적인 변화가 일어났다고 주장했다. 첫째, 창 대신 총이 주로 사용되는 무기의 혁명이 일어났고, 둘째, 군사력의 규모가 엄청나게 커지고 이를 위한 자원의 확보가 중요한 문제가 되었으며, 셋째, 보다 야심차고 복잡한 정치·군사 전략이 필요해졌고, 넷째, 이러한 군대의 변화가 사회 전반에 막대한 영향을 미치게 되었다는 것이다.

군사 혁명의 주요 내용은 공성전에서 드러난다. 수비하는 측은 뾰족하게 돌출된 능보 때문에 전체적으로 별 모양을 한 기하학적 성채(이를 이탈리아 성채(trace italienne)라 한다.)를 건설하고 성의 뾰족한 부분에 대포를 놓고 적을 위압한다. 공격하는 측 역시 대포를 동원하지만 이들은 기본적으로 소총을 사용하는 군인들을 질서 정연하게 이동시키거나 한 번에 전진과 후퇴 혹은 여러 대형을 이루면서 집중 발포하는 방식을 사용했다. 그리고 총을 빨리 장전하기 위해 그 동작을 규격화하고 반복적으로 훈련시켰다. 16세기에 네덜란드의 나사우 공, 17세기 스웨덴의 구스타프 아돌프가 엄격하고 체계적인 훈련, 즉 제식 훈련을 통해 이런 군대를 완성시켰다.

전쟁에서 이기는 것이 근대 국가 군주들의 1차 관심사였으므로 군대 규모는 기하급수적으로 커졌다. 세계사에서 가장 가공할 만한 규모의 군대라 일컬어지는 몽골의 군인이 3~4만 명의 기병대였던 데에 비해 카를 5세의 제국 군대는 15만 명이었고, 16세기 당시에 이 수치는 한 국가가 유지할 수 있는 최대치로 여겨졌다. 그러나 다음 세기에 들어가면서 한 국가의 군대 규모는 더더욱 커져서 20만으로, 그리고 다시 40만으로 확대되었고, 급기야 1701~1702년 사이 프랑스에서는 65만 명이 입대했다.

  이러한 변화는 왕에 대한 귀족의 지위에 중요한 변화를 가져왔다. 중세의 귀족은 스스로 말과 무기를 구입했고, 그래서 상관의 명령에 대한 완전한 복종을 기대하기 어려웠다. 그들은 관례적으로 규정된 복무 기간이 지나면 군대를 떠나 그들의 땅으로 되돌아갔다. (중세 기사들의 전쟁은 그래서 연중 날씨가 비교적 좋은 여름에만 치러지는 것이 보통이었다.) 그러나 16세기에 들어서면서 전쟁의 양상은 변화하기 시작했다. 무장 능력이 있는 귀족은 근위 기병대와 같은 중무장한 기사단에 편입되었다. 그러나 무기를 갖추었다는 것만으로는 더 이상 미래가 보장되지 않았다. 중무장한 기사들과 달리 서열상으로는 그들보다 한참 낮지만 점점 더 현대적인 화기로 경무장한 기사와 병사들이 등장했다. 총기의 발달은 중무장한 기사들에게 불리한 결과를 낳았다. 그리고 화기로 무장한 이 새로운 군대는 절대적으로 급료에 의해 운영되는 용병들로 국왕의 상비군이 되었다. 이제 전통적인 무력의 중요성이 사라지면서 귀족은 왕에게 점점 더 의존적이 될 수밖에 없었다. 왕은 충분한 상비군을 통해 확고한 조세 수입원을 확보할 수 있었고, 조세 수입을 통해 충분한 군대를 유지할 수 있는 재정을 확보했다.

당연히 공공 지출 중 군사비의 비중이 커졌다. 오늘날 군사비 지출이 전체 예산에서 차지하는 비율이 프랑스 17퍼센트, 미국 29퍼센트, 이스라엘 41퍼센트 정도로 알려져 있는데 과거로 올라가면 이 비율이 훨씬 커진다. 루이 14세 시대 프랑스는 75퍼센트, 표트르 대제의 러시아는 85퍼센트, 내전이 계속됐던 크롬웰 시대의 영국은 90퍼센트에 달했다. 군대 운영은 국가의 가장 중요한 사안이 되었고, 돈이 많아야 승리하는 것이 당연한 일이 되었다.

국가의 운명이 위기에 처했기 때문이었을까?

지난 세기의 인플레이션으로 인해 화폐의 실질 가치가 하락하면서 국가는 자신의 수입을 유지하기 위해 세금을 강제적으로 인상할 수밖에 없었다. 게다가 계속되는 전쟁을 위한 전비의 증가는 상황을 더욱 악화시켰고, 이러한 상황은 백성의 격심한 분노를 불러일으켰다. 철의 세기는 또한 종교 전쟁의 시기이기도 했다. 군주국의 주인들이 종교의 통일을 강요하면서 잠재적인 종교적 저항 근절에 몰두했다. 새롭게 등장한 종교 간의 대립은 전쟁을 피할 수 없게 만들었다.

독일에서는 황제 카를 5세(Karl V, 1500~1558)가 독일 내 프로테스탄트 세력을 제거하고 가톨릭으로 재통일시키려하면서 종교 전쟁이 시작되었다. 이 전쟁은 아우크스부르크(1555)에서 절충적 해결이 이루어질 때까지 지루하게 계속되었다. 아우크스부르크 종교 화의는 "통치자에 따라, 종교도 따른다(cujus regio, eius religio)."는 원칙을 내세웠다. 이에 따라 루터교 제후가 통치하는 곳에서는 루터 교가 국교가 되고, 가톨릭 군주가 통치하는 곳에서는 가톨릭교가 국교가 될 것이었다.

종교 전쟁이 가장 치열했던 곳은 프랑스였다. 프랑스의 16세기는 르네상스의 시대이기도 했지만 동시에 정치적 분열로 얼룩져 열병을 앓고 비극에 몸서리쳐야 했다. 르네상스가 인간의 아름다움과 삶을 노래하고 있던 바로 그 순간에도 죽음에 대한 끝 모를 공포와 죄의식은 여전히 인간의 영혼을 괴롭혔다. 교회와 정치를 둘러싼 논쟁은 전투로 발전했고, 당혹감과 절망적인 폭력이 도처에서 분출되었다. 정치는 허약했다. 왕정에 대한 저항이 조직되고 공개적으로 표출되었다. 거세어진 종교 전쟁의 열기는 오랜 봉건적 갈등과 정쟁에 다시 불을 지폈다. 대귀족 가문들이 서로 충돌했고 사람들은 곳곳에서 무기를 높이 치켜들었다.

종교 개혁 사상은 프랑스에서 비교적 일찍 유포되었다. 최초의 공식적인 분쟁은 1534년 10월 17일 일군의 개혁파가 국왕의 침실 문 앞에 로마 교회를 비난하는 현수막을 건 사건을 빌미로 시작되었다. 그러나 프랑스의 종교 개혁의 흐름을 본격적으로 발전시킨 인물은 장 칼뱅(Jean Calvin, 1509~1564)이었는데, 그는 이 사건이 터지자 파리를 떠나 스위스 제네바에 정착하여 새로운 종교 운동 지도자로 부상했다. 그리하여 1540년부터 1560년까지, 프랑수아 1세와 앙리 2세의 탄압에도 불구하고 프랑스의 칼뱅파는 증가했다. 잔 달브레(Jeanne d'Albret, 1528~1572)와 콜리니 제독(Gaspard de Coligny, 1519~1572), 나바르의 여왕인 잔 달브레와 1548년 결혼한 앙트완 드 부르봉(Antoine de Bourbon, 1518~1562), 콩데 공과 같은 거물급 귀족들이 개종을 감행했다. 칼뱅교와 가톨릭의 타협을 위한 마지막 종교 회의였던 푸아시(Poissy) 회의가 무위로 끝난 지 6개월 후 수십 명의 위그노들이 샹파뉴 지방의 바시(Wassy)에서 가톨릭 세력의 우두머리였던 기즈 공의 군사들에게 학살당하는 사건이 벌어졌고 종교 전쟁이 개시되었다.

콜리니, 앙트완 드 부르봉, 앙리 드 나바르(Henri de Navarre, 1553~1610), 루이 드 콩데(Louis de Condé, 1530~1569)와 같은 거물급 귀족의 지휘하에 신교도 세력은 기즈(Guise) 가문이 이끄는 가톨릭 세력에 맞섰다. 위그노는 종교 전쟁 초반부터 수적 열세를 면하지 못했지만, 그렇다고 완전한 패배를 선언할 정도로 약하지도 않았다. 1572년 신교파의 우두머리인 앙리 드 나바르와 국왕 샤를 9세(Charles IX, 1550~1574)의 여동생 마르그리트 드 발루와(Marguerite de Valois, 1553~1615)의 결혼으로 일시적인 평화의 분위기가 조성되었지만 곧 이은 성 바르텔르미 축일의 대학살로 전쟁은 장기화되었다. 종교적 그리고 정치적 동기가 뒤섞이면서 왕국은 약화되었고 왕정의 운명도 불투명해졌다. 어떻게 평화를 찾을 것인가? 이 전쟁은 그야말로 국가의 위기였다. 그것은 왕국의 통일성, 즉 하나의 국왕, 하나의 법 그리고 하나의 신앙이라는 원칙을 위협했고, 15세기 말부터 널리 확산된 종말론과 심판에 대한 집단적인 공포는 언제든지 불순함의 대청소를 의미하는 대학살에 풍부한 자양분을 공급했다.

1574년 샤를 9세의 뒤를 이은 앙리 3세(Henrri III, 1551~1589)는 정치적으로 무능했고, 한 세대에 걸쳐 가톨릭과 프로테스탄트는 치열하게 싸워야 했다. 기즈 가(家)의 앙리가 가톨릭 급진파의 우두머리가 되면서 왕위에 대한 야심을 키웠고, 에스파냐의 국왕 펠리페 2세와의 협약을 통해 외세를 개입시킴으로써 내전은 급박한 상황으로 치달았다. 1589년 8월 1일 앙리 3세가 도미니크회 수도사 쟈크 클레망(Jacques Clément, 1567~1589)의 비수에 목숨을 잃었고, 이제 왕위 계승자는 신교도인 앙리 드 나바르였다. 그러나 대다수의 국민이 가톨릭이었던 프랑스는 아직 신교도 왕에게 복종을 표하지 않았고, 그는 무력으로 영토를 회복할 수밖에 없었다. 결국 앙리 드 나바르는 1593년 7월 25일 가톨릭으로 개종하면서 한 세대에 걸친 내전에 종지부를 찍은 뒤 앙리 4세로 왕위에 올랐고, 얼마 뒤 신교도에게 제한된 종교적 자유를 허용하는 낭트 칙령을 선포했다.

무엇을 의지해야 할지 알 수 없었기 때문일까?

근대 초의 유럽 인들은 르네상스와 종교 개혁, 그리고 지리상의 발견과 일련의 과학 혁명으로 인한 세계관의 혼란과 정신적 위기를 겪었다. 그리고 르네상스와 과학 혁명과 같은 합리적이며 진보적인 운동의 이면에는 근대 유럽의 절대 왕정 시기에 대규모로 벌어진 마녀사냥이 있었고, 그것은 이 시기 유럽 인들이 겪었던 정신적 혼란의 양상을 잘 보여 준다.

중세 말과 근대 초의 유럽은 여전히 불안정한 세계였다. 질병과 기근 그리고 전쟁은 끊임없이 인간을 위협했고, 시대의 불행이 지닌 심각함에 예외는 없었다. 이러한 상황을 버티기 위해서 무엇이 필요했을까? 불안정한 조건을 이겨 내기 위해 우선적으로 필요한 것은 불행의 이유를 이해하는 것이었다. 왜 기근이 찾아오는지, 왜 전염병이 마을의 주민들을 전멸시키는지에 대한 설명은 불가결한 것이었다. 즉, 스스로의 상황을 진단하고 예견하며 여기에 대응하기 위해서는 원인을 파악하는 것이 필수적이었다. 그러나 이들의 이해 방식은 과학적이며 합리적인 인과 관계에 의한 설명이 아닌 전혀 다른 원칙에 토대를 두고 있었다. 그것은 바로 초자연적 힘에 대한 굳은 믿음이었다. 믿느냐 믿지 않느냐 사이에 선택의 여지는 없었던 셈이다.

근대 이전 근심의 1순위는 단연 죽음이었다. 죽음이 인간을 심판으로 인도하므로 사자의 영혼은 악마에게 직접적으로 위협을 받게 된다. 최후의 심판은 악마에게 인도된 사자들의 고통을 나열하고 있었다. 7대 죄(교만, 탐욕, 사치, 시기, 탐식, 분노, 게으름) 각각에 특수한 형벌이 준비되어 있었다. 교회와 공공장소는 천사와 마찬가지로 엄격히 계서화(階序化)된 악마들의 존재를 끊임없이 상기시켰다. 그리고 악마는 자신의 하수인들을 통해 이 세상에 직접 영향을 줄 수도 있었다. 1480년대에만 마녀에 대해 다룬 도서가 28권이나 출간되었는데 그중 가장 유명한 것은 두 명의 독일 도미니크 수도사인 인스티토리스(Henricus Institoris, 1430~1505)와 슈프렝거(Jacob Sprenger, 1436/38~1495)가 저술한 『마녀의 망치(Malleus maleficarum)』였다. 이 책은 전 유럽의 언어로 번역되어 3만 부 정도 인쇄되었고 16세기 집단 마녀사냥 시기에 종교 재판관들의 지침서가 되었다. 이들에 의하면 교회의 가르침도 아니고 교구 사제도 전수하지 않은 마녀들의 지식, 자연의 코드화된 상징적 현상에 근거한 지식, 인간에게 초인적 능력을 부여하는 것 같은 이러한 지식들은 악마가 아니라면 접근할 수 없는 성질의 것이었다. 결국 사탄에게 봉사하는 이 마녀들은 밤마다 악마의 연회에서 모임을 갖고, 잠자리를 같이하는 것이 뻔했다. 1480년부터 교회는 악마 집회의 실재를 확신하기 시작했다. 저세상에서의 운명과 악마에 대한 두려움은 경제 위기와 징치적 혼란 그리고 종교적 다툼과 더불어 절대주의 시대의 위기를 더욱 심화시켰다.

1580년부터 1680년까지 마녀에 대한 체계적인 박해와 대량 학살이 벌어졌다. 마법은 농촌 사회에 존재하는 오래된 전통의 하나였다. 그렇다면 왜 갑작스런 대규모 마녀사냥이 일어난 것인가? 먼저 우리는 이 시기 유럽 사회가 겪은 거대한 사회적, 정치적인 변화를 주목해야 한다. 종교 개혁과 반종교 개혁 이후, 신자들의 구원을 책임지던 교회가 미신과 농촌 사회의 비정통적 형태의 신앙을 없애기 위해서 악마에 대한 두려움을 이용했다고 볼 수 있다. 즉, 다신교적인 감성을 축출하고 무서운 유일신의 존재를 부각시키기 위하여 전통적인 민중 문화의 일부가 사탄의 이미지를 갖게 되었던 것이다. 그러나 이러한 종교적인 이유만으로는 대량 학살을 설명할 수 없다. 그토록 많은 마녀를 처형하는 일이 가능했던 것은 처형의 주체, 즉 국가 공권력이 그만한 힘을 지녔고 동시에 문제에 개입하려는 확고한 의지를 가졌기 때문이다. 그러한 점에서 마녀사냥은 절대 왕정의 이념이 현실로 나타나는 무대라고 볼 수 있다. 그것은 구체적으로 사적인 권력 행사가 공적인 국가 권력으로 대체되는 과정이며, 사회적 범죄와 그에 대한 공적인 처벌 방식의 승리였다.

이 과정에서 국왕의 사법권을 행사하는 법관들은 종교적 일탈 행위에 강력하게 대응했고, 도덕적이며 종교적인 단일한 질서를 확립할 의무를 부여받았다. 그들은 마녀재판과 처형을 통해 마법에 대한 교회와 국가의 공식적인 메시지를 전달하면서 농촌 세계에 뿌리내린 오랜 전통을 붕괴시켰다. 화형대를 통해서 그들은 현학적 어구로 종교적, 도덕적 권위를 내세웠으며, 종교적 일탈을 처벌하는 국왕의 권력을 보여 주고 왕권의 정당성을 확립시켰다. 중세의 농촌은 각 공동체마다 그들만의 방식으로 문제를 해결했지만, 절대 왕정의 등장은 이러한 관행에 종지부를 찍으려 했다. 마녀사냥을 통해 초자연적 문제를 해결하는 과정에서 국가의 신성한 권위와 국왕이 지닌 절대적인 권력의 정당성이 확인되었던 것이다.

2

국왕의
절대적인 권력은
어떻게 정당화되었을까?

- 절대 왕정 이론은 어디에서 유래했을까?
- 장 보댕은 주권을 어떻게 정의했을까?
- 누가 절대 군주에게 정치적 책임을 물을 수 있을까?

절대 왕정 이론은 어디에서 유래했을까?

중세 봉건 국가에서 절대 왕정 국가로의 이행은 일반적으로 전쟁 혹은 전쟁의 위협 속에서, 즉 정치 공동체의 존속이 위험에 처하는 상황에서 이루어졌다. 절대 왕정은 국왕이 상비군, 그리고 상비군을 유지하기 위한 영속적인 재정 자원을 확보할 수 있을 때 성립된다. 동시에 중세의 신분제 국가에서 절대 왕정 국가로의 이행은 군주의 권력을 이론적으로 정당화하고 설명하려는 노력을 수반했다. 이러한 노력은 새로운 주권 이론과 왕권신수설에서 절정에 달했다.

절대 왕정이라는 정치적 사유는 언제쯤 출현했을까? 일반적인 설명은 다음과 같다. 절대 왕정에 관한 이론은 중세 말기 그리고 르네상스 시대에 태동하기 시작하여 17세기에 승리를 구가했고 계몽 시대에 사양길로 접어들었다는 것이다. 프랑스를 예로 들자면 그것은 프랑수아 1세(François I, 1515~1547)에 도약했고 장 보댕(Jean Bodin, 1530~1596)과 샤를르 루아조 같은 16세기의 사상가들에 의해 이론적 기초가 수립되었으며 리슐리외 추기경과 마자랭(Jules Mazarin, 1602~1661)의 현실 정치를 위한 노력을 기반으로 하여 루이 14세 시대에 유럽에서 가장 전형적인 절대주의가 완성되었다고 설명하는 방식이 일반적이다. 그러나 실망스럽게도 절대주의는 이보다는 훨씬 나이가 많은 편이다.

중세의 법률가들은 '주권'[3]이 지닌 절대적인 특성을 암시했다. 주권에 대한 논의가 활발해진 것은 교황과 세속 왕국 사이의 대립이 첨예해진 12세기였지만, 이보다 앞선 11세기 말부터 재발견된 고대 로마의 법체계, 그리고 사법적 정의의 원천이자 유일한 입법자인 황제가 만드는 사회 질서에 대한 여러 기록들은 중세의 법학자들을 매료시켰다. 법률가들이 이제 이러저러한 황제권을 교황에게, 독일 황제에게 혹은 유럽

---

[3] 주권이라는 용어는 물론 보댕에게서 새로운 의미로 사용된다. 그러나 주권이란 용어는 이미 중세기에 등장했는데 상대적으로 우월한 권위를 묘사하기 위해 사용되었다. 16세기에 와서 이 단어는 최상급의 의미를 가지기 시작했다. 그것은 어떤 다른 원천을 갖지 않고 그 어떤 상위 권력도 인정하지 않는 권위를 의미했다.

의 주요 군주들에게 이전시키기 시작했다.

그러한 과정에서 국왕 권력을 특징짓는 네 가지 개념이 형성되었다. 먼저 가장 포괄적인 개념으로써 '통수권'(로마 인들은 이를 임페리움(Imperium)이라고 불렀다.) 즉 군사적·비군사적인 최고 명령권은 국왕으로 하여금 봉건적인 계약 관계를 초월하여 정치 공동체의 최고 정점에 이르도록 해 주었다. 주권의 두 번째 개념은 그것의 '존엄한 성격'이었는데, 존엄한 왕권은 그것이 그 어떠한 다른 권력과도 비교될 수 없음을 의미했다. 이러한 존엄한 권력에 대한 도전은 범죄이며 동시에 신성 모독으로 간주되었다. 세 번째, '권위'의 개념을 통해 왕권은 최고의 정치권력임을 자처할 수 있었고, 그것은 단순한 행정적인 권력과 구별되었다. 이 권위에 의해 국왕은 외국에 대해서 그리고 자신의 백성들에 대해 스스로 주권자라고 선언할 수 있었다. 네 번째 개념은 입법 능력에 관한 것으로, 문자 그대로 법을 말하는, 그리고 판결하는 국왕의 권한에 대한 것이었다. 이에 의거하여 국왕의 의지가 곧 법이 될 수 있었다. "과인의 뜻이 그러하노라."

물론 통수권, 존엄성, 권위와 입법권, 이 모든 속성을 다 갖추었다고 주장하는 왕이 중세기에 있었다면 그는 분명 과대망상증 중환자로 비쳐졌을 것이다. 중세 유럽의 봉건 사회에서 국왕은 봉건 제후들 중의 일인자에 지나지 않았고, (절대 왕정 시대에도 국왕은 심리적으로 귀족이었다.) 중세 시대의 유럽의 정치권력은 지정학적으로 파편화되어 있었다. 봉건제는 주군과 가신 사이의 인적 유대 관계를 기초로, 가신들 사이가 지정학적으로 분산된 가부장적 지배 체제였다. 주군은 자신에게 충성을 맹세한 가신에게 자신의 땅의 일부(그리고 그 땅에 긴박된 농노를 포함하여)를 봉토로 수여했다. 이는 봉토에 대한 통치권도 포함하는 것이었기에 그 정치 체제는 지방 분권적인 성격을 띠었다. 결과적으로 오늘날의 국가와 비교했을 때 중세 봉건 사회가 보여 주는 특징 중 하나는 국가가 폭력 수단들을 (예를 들어, 군대와 경찰 같은) 독점하지 않고 있다는 점이다. 이러한 폭력 수단들은 기사라고 불리던 주군과 가신 관계의 피라미드를 형성한 지배 계급에게 전체에게 부여되었다. 그 결과 중세 봉건 시대의 국가는 통일된 국가라기보다는 기사와 제후들의 느슨한 연합체에 지나지 않았고, 국왕은 대개 명목상의 지배자일 뿐 그의 권력은 오직 자신이 소유한 영지에 대해서만 행사될 수 있었다. 신성 로마 제국의 황제조차도 명목상의 독일 국왕에 지나지 않았다.

  하지만 12~13세기에 들어서면서부터 권력에 대한 새로운 개념들이 중세 왕정 질서와 법학 이론에 침투하기 시작했고,

서서히 길들였다. 법이 현실을 앞서기 시작했다. 이제 법률가들은 최정상에 집중된 권력의 개념을 형성했고, 국왕은 이러한 이론적 힘을 바탕으로 조금씩 자신의 권력을 신장시켰다. 그리하여 14세기 말엽에 이르러 사람들은 "자신의 왕국에서 국왕은 황제이다."라는 원칙을 받아들이기 시작했다. 이러한 중앙 집권적 왕권은 지방의 저항에도 불구하고 조금씩 하위 권위들에 대한 우위를 확보해 나갔다.

중세의 주권 개념들 가운데 절대주의와 관련된 또 다른 개념으로 로마 교황이 지닌 '전능한 권력'의 개념을 기억할 필요가 있다. 1200년경 이 표현의 사용을 둘러싸고 교회법학자들이 격렬한 논쟁을 벌였다. 교황은 자신의 전능한 권력을 주장하면서 기존의 교회법과 상반되는 결정을 내릴 수 있었고, 과거의 교회 관행과 규칙을 무시하는 법적 행위를 정당화했다. 이 개념에 따라서 교황은 '법으로부터 해방된' 자이며 '가슴속에 모든 법을 품고 있는 자', 또는 아예 '살아 있는 법'이라고 불렸다. 교황의 전권 개념은 '일반적인 권력'과 '절대적인 권력' 두 가지로 구분되었는데, 먼저 '일반권'은 명확한 규범과 질서하에 행사되는 교황의 권위를 표현했고, '절대권'은 유사시 행사되는 권력을 의미했다. 후자에 의거하여 교황은 제한이 없는 권력을 행사할 수 있었다. 이 두 번째 권력이 행사되기 위해서는 다른 정당한 사유를 제시할 필요 없이 그저 '특별한 은혜로' 혹은 '기존의 법에도 불구하고', '특정한 사유로' 등의 간단한 문구를 법조문에 첨가하는 것으로 충분했다. 14세기에 이르러 이러한 로마법과 교회법의 개념과 공식들은 세속적인 정치사상뿐 아니라 통치 관행에까지 스며들었고, 국왕들은 '전권과 왕의 권위'를 내세우면서 새로운 입법을 시행하는 동시에 법의 전문에 종종 '특별한 사유'를 들먹이면서 그들이 정상적인 법체계를 위반하고 있음을 분명히 자각하고 있다는 것을 보여 주었다.

장 보댕은 주권을 어떻게 정의했을까?

국가와 주권에 관한 간결한 정의를 내린 최초의 인물은 장 보댕이었다. 장 보댕이 확립한 주권론에 따르면 주권은 국가의 본질이었다. 보댕이 제시한 주권은 개념상 본질적이고 그 자체로서 존재한다. 보댕은 주권의 기원을 밝히는 대신, 장차 절대 군주가 자신의 것이라고 주장하게 될 주권이 지닌 네 가지 근본적인 특징을 제시하는데, 그것은 바로 명령권적 속성, 영속성, 절대성 그리고 세속성이다.

1) 주권은 '명령권'이다.

국가를 구성하는 모든 개인과 가족, 단체들은 주권이 명한 바를 따르게 된다. 단, 주권이 내린 명령은 사적인 것이 아닌 공적인 것이라는 점을 분명히 해야 한다. 주권의 명령은 그래서 자식들에게 아버지가 내리는 명령과도 다르고, 노예에게 주인이 내리는 명령과도 다르다. 공적 명령권은 법을 만드는 주권자 또는 그 법에 복종하는 법관들에 의해 행사된다. 주권의 특징은 어떠한 언어로 표현되든지 '가장 강력한 명령권'이라는 것이며, 모두에게 똑같이 적용된다. 주권적 권력은 정치적인 동시에 공적이다. 군주, 보다 정확히 말하면 군주의 직위가 행사하는 공적인 권력은 국가의 첫 번째 원리다. 주권과 복종은 근본적으로 서로 대립되는 말이다. 영주와 신하, 주인과 종, 입법자와 그 법을 따라야 하는 자, 명령권자와 그에 복종하는 자는 결코 대등하지 않다. 주권의 보유자가 인민이건 군주이건, 주권 개념은 그 논리상 복종의 개념을 동반하게 된다.

2) 주권은 '영속적인 권력'이다.

주권이 시간에 제한을 받는다면 그것은 주권이 아니다. 왕의 섭정이나 왕권을 대리 행사하도록 위임받은 관리나 법관들은 한시적으로 명령권을 행사할 뿐이므로 진정한 주권자일 수 없었다. 그들은 임기가 끝나면 여느 백성과 다를 바 없다. 그런 점에서 로마 공화정 시대의 독재관들은 그들이 지닌 권력이 어느 정도였건 간에 결코 주권자라고 할 수 없었다. 보댕의 의하면 주권은 시간을 초월한다. 그것은 '동해 물과 백두산이 마르고 닳도록' 존속해야만 하는 것이다. 주권이 구현되는 국가의 형태가 공화정이건 왕정이건 주권은 모든 형태의 시간적 제약을 넘어서는 지속성을 지닌다.

주권의 이러한 영속적인 특징은 사실 국가 자체가 지닌 지속성의 원칙과 다름없다. 프랑스에서는 15세기 말부터 이러한 지속성의 원칙이 표현되기 시작했다. "국왕 없는 왕국은 결코 존재하지 않는다."라는 말이나, 국왕이 사망했을 때 왕궁의 발코니에서 외쳐지던 "왕께서 서거하셨습니다. 국왕 만세!"라는 구호는 국왕 개개인을 초월하는 왕위의 영속성을 표현하고 있다.

3) 주권은 '오직 하나이면서 결코 분할할 수 없는 절대적인 권력'이다.

보댕은 다양한 봉건적 권력들을 국왕의 권력에 집중시키고자 했고, 전통적 특권과 관직을 사유 재산으로 간주하려는 시각을 부인하고 귀족들을 주권에 의존하도록 정의했다. 분할 불가능한 주권은 동시에 여러 지방과 다양한 공동체들을 하나로 통합시켜 주는 통일성의 원리이기도 했다.

> 가족들과 단체, 공동체 등 모든 구성원들을 결합시키는 주권이 없다면 진정한 국가를 말할 수 없다. 도시 국가를 형성하는 것은 도시도 아니고 거기에 사는 주민들도 아니다. 주권을 가진 지배자 아래에서 이 모든 것들이 통일될 때에 비로소 국가가 형성된다. (보댕, 『국가론』, 제1서 2장)

보댕이 말한 절대적인 주권 개념은, 봉건적인 유제(遺制)들을 공격하면서 동시에 여전히 봉건적인 원칙에 따라 만들어진 정치 공동체를 가정하고 있다. 때문에 보댕은 권력의 나누어지지 않는 분할 불가능성을 강조한다. 통일적인 주권은 다양한 국가 구성 요소들을 하나로 결속시키며 전체의 조화를 만들어 낸다.

4) 주권은 '세속적인 질서'의 문제이고, 그 본질과 정의에 있어서 인간의 문제이다.

물론 보댕은 신이 지닌 주권의 개념을 부인하지 않는다. 그러나 보댕이 이를 인정하는 것은 그것이 그 정의상 세속 사회의 질서에 대해서 어떠한 영향력도 행사할 수 없기 때문이다. 인간과 사물에 대한 지배를 의미하는 통수권 임페리움은 문자 그대로 경험적인 세상을 지배하는 인과 관계의 원리에서 유래한다. 즉 주권은 역사적이고 인간적인 질서에 해당하는 것이다.

군주의 절대적인 권력과 주권적 영주권은 결코 신법과 자연법을 침해하지 않는다. (제1서 8장)

물론 신법과 자연법이 군주에 대해 어떠한 영향력도 행사하지 않는다는 것은 아니다. 오히려 그 반대이다. 보댕은 주권자가 지닌 신법과 자연법에 대한 의무를 강조한다. 모순인가? 그렇지 않다. 신법과 자연법은 주권자를 제한하지만 주권을 제한하지는 않기 때문이다. 보댕은 주권이 자연법에 종속되지 않고, 반대로 국가 권력의 세속적인 기초 위에 세워진다고 보았다. 본질적으로 주권은 무제한적이며 어떤 한계도 지니지 않는다. 오직 주권자만이, 보다 정확히 말하자면 주권의 행사만이 자연법에 의해 제한된다.

보댕은 자신의 주권론을 정립한 후, 왕정을 최고의 정치 형태라고 정의했다. 보댕은 주권을 구현하는 자는 오직 하나여야 한다고 보았다. 하나뿐인 우두머리만이 여러 사람들을 결합시킬 수 있는 것이다. 다수를 결합시키고 통일성을 부여하는 것은 바로 주권 안에서 이루어진다. 물론 그 '하나'가 반드시 군주여야 하는 것은 아니다. 그것은 '영주들의 집단'일 수도 있고 전체 인민일 수도 있다. 주권자 형태에 따라 국가 형태는 왕정 국가, 귀족정 국가, 민주정 국가로 나누어진다. 보댕은 세 가지 국가 형태 중에서 군주정을 가장 이상적인 것으로 보았다. 사실 보댕이 제시한 '오직 하나의 주권'이라는 개념은 귀족 집단 혹은 전체 인민에 의해서보다는 단 한 명의 군주에 의해 구현될 때 개념적으로 가장 잘 부합했다.

누가 절대 군주에게 정치적 책임을 물을 수 있을까?

절대주의를 국왕의 권력 강화와 이를 위한 제도라고 정의한다면 우리는 장 보댕의 주권 개념, "영속적이며 절대적인 명령권"이자 모든 것을 통일하는 원리의 힘이 왜 필요한지 알 수 있다. 왜냐하면 이 권력은 그것이 전체이건 개인이건 그 어떤 다른 누구의 동의도 필요로 하지 않는다. 그러나 보댕의 주권 개념만으로는 절대 왕정 체제가 완전히 설명되기 어렵다. 보댕의 이론이 지닌 세속성은 절대주의의 종교적 성질을 설명해 주지 못하기 때문이다. 보댕의 세속적인 주권 개념은 이미 16세기 말에 이르러 왕정을 신성화하려는 움직임에 추월당했다. 1625년 샤르트르의 주교 레오노르 데탕프(Léonore d'Etampes, 1589~1651)는 과감히 이렇게 말한다.

"프랑스의 왕이 불멸의 존재이며 신성한 무언가를 지니고 있음을, 신과 매우 흡사한 무언가를 지니고 있음을 믿지 않는 자는 존재하지 않는다…… 예언자들이 알려 주었고, 사도들이 확인하고, 순교자들이 고백했듯이 국왕은 신에 의해 세워졌을 뿐 아니라 그 자신이 신이다."

리슐리외 추기경이 추구한 국가 이성의 정치도 프랑스 정치사상의 세속화를 대변하기는커녕 오히려 국왕 신격화를 함축하며 신성한 프랑스 왕정의 의미를 부각시켰다. 이렇듯 절대주의 시대의 가장 큰 특징은 바로 국왕의 신격화였다. 프랑스의 경우, 왕정은 이미 오래전부터 그 신성한 성격을 인정받았지만, 왕정이 지닌 기독교적 기원(프랑스 최초의 왕 클로비

스는 가톨릭으로 세례받고 가톨릭 주교에 의해 대관되었다.)이 왕을 신격화하는 원인은 아니다. 중세 왕정은 국왕과 교회의 사제를 동일시했다. 또한 사제의 모델인 그리스도, 즉 사람의 아들로 태어났지만 동시에 신의 아들이었던 그리스도가 지닌 신성과 인성의 동시성을 강조했다. 그러나 종교 전쟁 이후 등장한 왕권신수설의 절대 왕정은 그보다는 국왕의 신격화를 추구하면서 왕국을 국왕 개인의 인격으로 표현했다. 국왕은 신의 권위라는 이미지로 고양되었고, 국왕을 신의 이미지로 받드는 왕정 의례가 발전했다. 궁극적으로 국왕은 신과 인류 사이의 새로운 중재자로 부상했다. 그 결과 국왕에게는 신 이외에 그 누구도 책임을 물을 수 없게 되었다. 국왕은 자신의 왕국에서 주권자인 동시에 신에 의해 왕위에 올랐으므로, 왕국에 대한 국왕의 권리에 영향력을 행사할 수 있는 영적인, 세속적인 그 어떠한 권력도 이 지상에 존재할 수 없었다.

이러한 왕의 신격화는 프랑스의 절대 군주 태양왕 루이 14세의 치세가 절정에 달했을 때 만개한 왕정의 수사학에 잘 드러나 있다. 자크 베닌느 보쉬에(Jacques Bénigne Bossuet, 1627~1704)는 왕권신수설을 바탕으로 국왕과 신의 결합을 이야기한다.

"모든 권능과 모든 완전성을 내면에 결합시킨 신은, 또한 국왕의 인격과 결합되어 있다. 신은 거룩함 그 자체이며, 선 그 자체, 권능 그 자체이다. 이 모든 것 안에 신의 주권이 있다. 이 모든 것의 표상 안에 군주의 주권이 있다."

왕은 신 이외의 누구에 대해서도 책임을 지지 않는다. 신이 왕보다 위에 있듯이 왕은 다른 인간보다 훨씬 위에 있었다. 그의 말대로라면, 그 누구도, 심지어 주교들마저도 '국왕보다 더 선명히 각인된 신의 위엄'을 지니는 것이 불가능했다. 왕은 자신의 '입술을 움직이기만 해도 왕국 전체를 움직일' 수 있었다. 국왕은 '자신이 상상하는 것을 생각하게 만드는 놀라운 통찰력을 갖고 있었는데' 루이 14세의 절대주의를 특징짓는 상비군과 지사제 그리고 위임관 제도는 보쉬에가 말한 놀라운 통찰력의 실체였다. 이제 보쉬에는 국왕에게서 신이 부여한 이미지를 떠올리기보다는 신 자체를 상상할 수 있었고, 그 어떠한 주저함도 없이 왕이 '신과 같은' 존재라고 말할 수 있었다. 국왕이 자신도 '인간처럼' 죽을 수밖에 없다는 사실에 대해 불안해 할 것을 걱정한 나머지 보쉬에는 다음과 같이 덧붙인다.

"비록 전하께서 사망하신다 해도 전하는 신이십니다."

그러나 국왕을 신성한 존재로 부각시키려는, 그래서 모든 제약에서 해방되어 오직 신에게만 책임을 지는 절대 군주를 만들려는 야심은 분명히 시한폭탄과 같은 문제를 안고 있었다. 국왕이 살아 있는 신이 되면서 분명 정치적 자율성을 확보할 수 있었다. 동시에 절대 왕정 국가는 합리적 토대 위에 성립한 신비한 군주제, 마치 교회와 비슷한 무언가가 되려는 듯이 보였다. 문제는 왕의 신격화를 통한 절대주의의 완성이 불가피하게 관료제를 통한 권력의 공적 기구화(이를 왕정의 비인격화라고 부를 수 있다.)와 결부되었다는 점이다. 애초에 왕의 개인적이고 사적인 의도로 추진된 국가였지만, 개인적이고 사적인 통치권은 점차 공적인 통치권으로 변모하였다. '짐이 곧 국가'라는 공식이 실현되면서 절대 군주의 사적 독점권은 더 이상 사적이지 않은 공적인 성격을 갖게 되었고, 통치 기구가 공공화되면서 왕실과 왕가는 그것의 한 기구로 전락하고 결국 아무것도 아닌 처지로 떨어질 것이었다. 이러한 의미에서 주권자의 신격화는 그의 사라짐에 대한 예고편이었다.

3

통치는
어떻게 이루어졌을까?

- 프랑스의 절대 군주는 어떻게 통치했을까?
- 브란덴부르크 프로이센의 절대 왕정은 어떤 모습이었을까?

프랑스의 절대 군주는 어떻게 통치했을까?

1598년 프랑스의 부르봉 왕가를 개창한 앙리 4세(Henri IV, 1553~1610)는 낭트 칙령을 통해 신교도에게 예배의 자유를 허용하고 종교 전쟁에 종지부를 찍었다. 물론 그 결과는 당시로써는 유래 없는, 1 국가 2 종교라는 극적인 상황이었지만, 내전으로 피폐해진 프랑스 왕국의 재건을 위해서 선택의 여지는 많지 않았다. 낭트 칙령과 동시에 앙리 4세는 대외적으로 종교 전쟁기 프랑스 내정에 깊이 간섭했던 에스파냐의 펠리페 2세와 베르뱅 조약을 체결함으로서 대외적인 평화를 안착시켰다. 그는 파리 시를 재건하고 영구적 수도로 변모시키면서 왕의 존재와 권력을 한곳에 고정시키는 한편, 신교도 출신인 쉴리(Maximilien de Béthune, duc de Sully, 1559~1641)를

리슐리외 추기경

등용하여 행정과 재정상의 개혁을 진행했다. 쉴리의 절약 정책과 농업 장려 정책을 통해 왕실의 재정이 보완되고, 상공업에 대한 국가적인 장려책들이 보완되었다. 앙리 4세의 치세로부터 루이 14세에 이르는 1715년까지 이어진 프랑스의 '위대한 세기(le Grand Siècle)'는 이렇게 첫걸음을 내딛었다. 앙리 4세의 뒤를 이은 루이 13세와 그를 보위한 리슐리외 추기경은 가톨릭 국가이면서도 30년 전쟁 동안 합스부르크 왕가에 맞서 신교도 세력을 지원하는 등, 중앙 집권적 왕권 강화를 위한 '현실 정치'를 구현했다. "성경 대신 마키아벨리의 『군주론(Il Principe)』을 품고 다닌다."는 비판을 받았던 리슐리외는 국가 이성의 원리를 왕국의 통치 이념으로 확립하면서, 전문적인 능력을 갖춘 관료층을 기반으로 프랑스 전역에 걸쳐 합리적인 행정 기구를 건설하고자 했다. 동시에 낭트 칙령에 의해 '국가 내부의 국가'

를 구성하고 있던 위그노(프랑스 신교도) 세력을 서서히 무력화시켰다. 1628년과 1629년 추기경은 강력한 상비군을 동원하여 위그노의 정치적 군사적 보루였던 라 로셸(La Rochelle)에 대한 포위 공격을 감행했고 연이어 남서부 지방의 위그노 근거지들을 차례로 굴복시켰다. 대귀족의 음모를 가차 없이 처단하고 언제든지 반란의 근거지가 될 수 있는 성채들에 대한 체계적인 파괴를 시도했다. 귀족의 오래된 특권이자 자율성과 독립성의 상징인 결투 관행이 금지되었다.(1626)[4] 군대를 비롯하여 왕국 내의 모든 물리적 힘에 대한 독점 욕구는 결투를 통한 귀족의 사적인 물리력 남용마저 용인할 수 없었던 것이다. 이러한 일련의 권력 집중의 과정의 절정은 지사(Intendant)제의 창설이었다. 왕의 전권을 부여받고 지방에 파

---

[4] 당시 가장 유명한 싸움꾼으로 명성이 자자했던 프랑수아 몽모랑시 부트빌 백작은 이미 스물한 번이나 결투 금지령을 위반한 바 있었다. 1624년 그는 토리니(Thorigny)를 결투에서 죽이고 나서 플랑드르로 도피했다. 토리니의 친구 뵈브롱(Beuvron) 남작이 친구의 복수를 위해 결투를 요청하자 서슴없이 이 결투를 받아들였고, 프랑스로 돌아와 1627년 5월 14일 파리 한복판의 루아얄 광장(place Royale)에서 결투를 감행했다. 당시에는 결투의 증인으로 참석한 이들도 결투에 동참했는데, 이 과정에서 아픈 몸을 이끌고 참가한 뵈브롱의 증인 뷔시 당부아즈(Bussy d'Amboise)가 부트빌 측의 증인 데 샤펠(Des Chapelles) 백작의 칼에 사망했다. 부트빌과 데 샤펠은 바로 도주했지만 샹파뉴 지방에서 체포되어 바스티유 감옥에 수감되었다. 그리고 리슐리외의 명에 따라 1627년 6월 21일 몽모랑시 백작은 결투 금지령 위반죄로 28세에 그들이 결투를 벌였던 바로 그 장소에서 처형되었다.

견된 관리였던 지사는 처음에는 한시적이고 특정한 임무만을 부여받았지만, 점차 상임직으로 변화했다. 다른 관직과 달리 매매가 불가능했던 지사직에 임명된 이들은 절대 군주의 권력을 왕국 곳곳에 대표했고, 각 지방의 오랜 특권과 지방 관리의 관할권을 침해하면서 막대한 권력을 행사했다. 추기경은 왕권의 강화를 위해 수단과 방법을 가리지 않는 마키아벨리주의적인 모습을 유감없이 보여 주었다. 또한 1302년 필리프 4세(Philippe IV, 1268~1314)와 교황 보니파키우스 8세(Bonifatius VIII, 1235?~1303)가 투쟁하던 과정에서 태어난 삼부회는 이후 일종의 대의 기관으로 발전했지만 1624년을 마지막으로 150년간 프랑스 정치사에서 자취를 감추게 되었다.

절대 왕정을 지탱하는 행정과 군사 기구들을 유지하기 위해서는 많은 자금이 필요했다. 물론 가장 중요한 자금원은 세금이었지만, 이와 동시에 절대 왕정은 중상주의라는 독특한 경제 정책을 추진했다. 중상주의에 따르면 이 세상의 부의 총량은 정해져 있고, 한 국가의 힘은 그 나라가 소유하고 있는 실제적인 부(금이나 은 같은 귀금속의 양)에 의존한다. 따라서 국가가 수입을 최소화하고 수출을 최대화하는 것이 경제 번영의 척도로 받아들여졌다. 이에 따라 루이 14세의 재무 대신이었던 콜베르(Jean-Baptiste Colbert, 1619~1683)는 국가의 수입을 증대시키기 위해 보호와 통제를 기조로 하는 경제 정책을 실시했다. 그는 프랑스로 수입되는 외국 상품에 높은 관세를 부과하고, 자국 내의 기간 시설을 개량하며, 수입 대체 산업을 육성시켰다. 그리하여 수입에 의존하던 비단, 태피스트리, 유리 제조업이 발전했다.

모든 공업을, 심지어 사치품 공업도 다시 살리거나 새로 세워야 합니다. 관세와 관련해서는 보호 무역 제도를 확립해야 합니다. 생산자와 상인을 수공업 길드에 편입시켜야 합니다. 백성에게 해를 끼치는 국가 재정 적자를 줄여야 합니다. 국산품의 해상 운송을 프랑스가 다시 맡도록 해야 합니다. 식민지를 발전시켜 무역을 프랑스에 종속시켜야 합니다. 프랑스와 인도 사이의 중개 무역자들을 모두 몰아내야 합니다. 상선(商船)을 보호하기 위해 해군을 발전시켜야 합니다.

콜베르, 『콜베르가 마자랭에게 보내는 서한』(1653)

프랑스의 절대 군주들은 효율적인 행정 업무를 위해 그리고 자신들의 권위를 확대하고 다양화하기 위해 정부 구조를 강화해 나갔다. 재무 총감과 국가 비서들로 구성된 각료 기구가 설치되었고 참사회의 기반이 확고해졌다. 고등 법원을 비롯한 새로운 단체들을 증가시키기보다 국왕은 개인에게 중요한 권력을 부여하는 것을 선호했다. 국왕은 고위 귀족 혹은 왕자들을 자신의 대리인으로 임명하고 지방에 파견하거나, 아니면 여기저기에 한 명 내지 여러 명의 위임관들을 파견했다. 이러한 권력 기구의 발전을 통해 절대 왕정은 '행정 왕정'으로 진화했다. 그 결과 국왕을 중심으로 굳건한 중앙 집권적 행정 장치가 자리를 잡았고, 절대 군주정은 곧 관료적이 되었다. 루이 14세는 어떤 의미에서는 이 거대한 행정 장치의 포로이기도 했다.

물론 이러한 절대 왕권의 수립은 결코 순탄한 여정을 걷지는 않았다. 경우에 따라 왕권에 대한 저항은 위협적이었으며, 최소한 17세기 말까지 절대주의는 여전히 논쟁거리로 남아 있었다. 사소한 저항과 갈등은 말할 나위도 없지만, 절대 왕정을 가장 크게 위협했던 사건은 바로 프롱드의 난(1648~53)이었다. 리슐리외의 뒤를 이어 재상이 된 이탈리아인 마자랭이 섭정 안느 도트리슈(Anne d'Autriche, 1601~1666)를 보위하면서 추진했던 절대 왕정의 현실 정치는 내란을 맞아 심각한 위기에 직면하게 되었다. 점차 그 세력이 약화되어 가던 귀족들의 마지막 거친 숨결이라고 할 수 있을 이 프롱드의 난은 왕권의 절대화에 반대하던 고등 법원에서 시작되어 대귀족들의 무장 봉기로 이어졌고, 한때 다섯 살의 나이에 왕위에 오른 어린 루이 14세가 수도를 포기하고 도피를 감행할 만큼 강력했다. 그러나 귀족들의 저항은 결국 군사적인 패배와 일련의 타협을 거치면서 실패로 돌아갔다. 이러한 경험은 루이 14세에게 왕권의 유지가 얼마나 어려운 일인지, 또 그 왕권을 유지하기 위해 무엇을 해야 하는지를 가르쳐 주었던 것처럼 보인다. 루이 14세는 성인이 된 1651년 루이 13세의 왕비였던 모후 안느 도트리슈의 섭정에서 벗어났다. 재무 대신이던 니콜라 푸케(Nicolas Fouquet, 1615~1680)를 숙청하면서 정치적 파란을 예고했던 태양왕은 1661년 더 이상 재상을 두지 않는 국왕의 직접 통치를 선언했다. 1673년에는 고등 법원의 오랜 특권이면서 국왕의 입법권에 대한 거의 유일한 견제 장치이던 간주권(droit de remontrance)을 폐기했고, 동시에 지방 총독들에 대해서는 삼 년 단위로 궁정에 체류하는 것을 의무화하면서 지방 총독들이 왕권을 저해하는 세력으로 발전하는 것을 방지하고자 했다. 그리고 1682년 드디어 베르사유에 새로운 왕궁이 완성되었다. 프랑스 왕정은 바로 이 베르사유 궁에서 태양왕 루이 14세와 함께 절대 왕정의 절정기에 들어서게 된다. 베르사유 궁은 이제 전 유럽을 대표하는 왕궁이면서 새로운 지상의 신으로 자처했던 절대 군주의 샹젤리제가 되었다. 이곳에서 태양의 신 아폴로가 자연을 지배하듯 루이 14세는 프랑스의 절대적인 지배자로 군림할 것이었다. 그리고 절대주의는 이제 프랑스 사회의 모든 것을 움직이는 규범이 되고자 했다.

브란덴부르크 프로이센의 절대 왕정은 어떤 모습이었을까?

유럽의 동북부 발트 해 남쪽 연안에 위치한 프로이센은 13세기 초반 독일 기사단에 의해 건설되었다. 1525년 최후의 기사단장 알브레히트가 신교로 개종하고 가톨릭교회와의 관계를 절연하면서 기사단의 영토가 아닌 세속화된 프로이센 공국이 되었다. 1618년에 브란덴부르크 선제후(選帝侯)[5]가 프로이센 공을 겸하게 되어, 브란덴부르크와 프로이센은 호엔촐레른가(家)의 통치하에서 동군연합국(同君聯合國)이 되었다.

브란덴부르크 프로이센이 독일 영방의 강국으로 성장할 수 있었던 것은 그 지배자들, 특히 프로이센 공작이자 '대선제후'

---

[5] 신성 로마 제국의 황제 선출에 참여하는 제후. 마인츠, 쾰른, 트리에르의 대주교, 라인 궁중백과 작센공, 브란덴부르크 변경백 그리고 보헤미아 왕 등 7명의 선제후가 있었다.

라 불린 프리드리히 빌헬름 1세(Friedrich Wilhelm I, 1620~1688)의 집념과 정치적 성공 때문이었다. 그는 광범하게 분산되어 있던 여러 지역들 실질적으로 지배하기 시작했다. 브란덴부르크는 면적은 넓었지만, 중북부 독일에서 특별히 비옥한 지역은 아니었고, 선제후는 서쪽의 클레베와 마르크, 라벤스부르크 등을 포함한 여러 소국들을 다스리고 있었지만 이들의 제도는 각자 달랐다. 각 국가는 개별적인 법률과 신분제 의회를 갖고 있었으나, 대선제후 이래 중앙 집권화가 진척되어 프로이센 국왕 프리드리히 빌헬름 1세(Friedrich Wilhelm I, 1713~1740) 시대에는 절대주의 국가 체제가 확립되었다. 게다가 30년 전쟁 동안 네덜란드와 신성 로마 제국이 서로 다툰 전쟁터였던 클레베 공작령과 마르크 백작령에서 군대는 신분제 의회를 무시하고 무력으로 자원을 수탈해 갔는데, 클레베와 마르크의 정부는 이때부터 이러한 관행에 익숙해졌다. 대선제후 역시 스웨덴과 폴란드와 전쟁(1655)을 치르면서 도시와 농촌에서 세금을 강제로 징수했다. 게다가 대선제후는 이러한 전쟁들을 통해 동프로이센에 대한 지배권과 서부 제방에 대한 프랑스의 간섭을 배제할 수 있었다.

 국왕 지배의 근간이 된 것은 국력에 걸맞지 않는 상비대군(常備大軍)과 이를 지탱해 가기 위한 징세(徵稅)의 관료 기구였다. 대선제후는 프로이센 최초의 상비군을 창설하고 훗날 프로이센의 중앙 행정이 구체화될 때 그 조직의 중심이 될 '전쟁 총집정부'를 세웠다. 1688년에 이르러 브란덴부르크 프로이센은 3만 명의 상비군을 보유하게 되었다. 군대는 국민의 복종을 담보하는 중요한 수단이었다. 게다가 군대는 왕권 강화에 대한 귀족들의 저항을 무력화하는 수단이기도 했다. 그는 브란덴부르크에서처럼 귀족을 동원했다. 가난해진 귀족들은 국왕을 위해 봉사하기를 희망했다. 대선제후는 귀족들을 군 장교나 행정 관료로 등용시켰다. 브란덴부르크의 귀족들에게 군대에서의 진급과 성공은 최고의 영예로 간주되기 시작했다.

동시에 대선제후는 효율적인 조세 제도를 시행하고, 이를 관리하기 위한 관료제를 발전시켰다. 여기에서 그는 강력한 특권을 보유한 지주들, 즉 융커(Junkers)들과 협상을 벌였는데, 융커들은 수하의 농민들을 다시 농노의 지위로 격하시켜도 좋다는 허락을 대가로(재판 농노제) 항구적인 조세 제도에 대한 반대권을 포기했다. 물론 그들 자신은 조세 납부에서 면제된다는 조건이 첨가되었다. 1660년 이후 신분제 의회가 지녔던 외국과의 협상권이 박탈당했고, 지방의 특권이 침해당했더라도 납세를 거부할 수 없게 되었다. 유럽의 다른 절대 왕정 국가와 마찬가지로, 프로이센에서도 농민은 거의 모든 세금을 부담해야 했다. 이러한 정책이 성공할 수 있던 주요 원인은 융커 계급의 저항을 효과적으로 무력화시킨 데 있었다. 프랑스의 루이 14세가 궁정 사회를 만들고 귀족들을 궁정인으로 길들였다면, 프리드리히 빌헬름은 융커 계급의 영주권을 확대시켜 주는 대가로 그들의 협조를 확보할 수 있었다. 융커 집단을 효과적으로 끌어안게 된 대선제후는 자신의 뜻대로 관리를 임명했다. 관료들이 맡은 가장 중요 부서는 병참부였는데, 이곳에서는 군대의 봉급, 무기 보급, 군수품 제조 산업까지 관장했다. 1651년 이래 대선제후는 더 이상 어떤 참사회에도 참석하지 않았다. 중요한 국가 사안들은 밀실에서 처리되었다. 개인 통치가 시작된 것이다. 대선제후는 에스파냐의 펠리페 2세처럼 집무실 통치를 수립했다. 군주는 이제 그의 동료들로부터 분리되었고, 자신의 집무실 비서를 통해 명령을 하달했다.

그의 아들 프리드리히 3세(Friedrich I, 1657~1713)는 부친의 황제직을 협상을 통해 얻어 내고 1701년부터 스스로를 프리드리히 1세, 프로이센의 왕[6]이라고 일컬었다. 브란덴부르

---

[6] 그는 1688년 프리드리히 빌헬름 3세라는 이름으로 대선제후가 되었고, 1701년에 프리드리히 1세로 프로이센의 왕에 즉위했다.

크가 중심지였지만, 호엔촐레른 가는 자국의 독립성을 나타내기 위해 신성 로마 제국의 영역 밖에 있는 프로이센을 국호로 삼았다. 프리드리히 1세는 공식적으로 자신이 모든 것의 원천이라는 원칙을 엄격히 지켰다. 총집정부의 모든 명령은 국왕의 명령이라는 형태로 만들어지고 국왕 자신에 의해 직접 보내졌다. 수공업자의 동업 조합 증서도, 농민의 결혼 증명서도, 상인의 세관 신고 면제증도, 원칙적으로 국왕으로부터 발급받지 않은 것은 없었다. 당시 프로이센은 후진국이었고 농부들은 지주의 농노로 무례한 토지 귀족들에게 들볶이고 있었다. 그래서 국가의 근대화는 군사화를 통해 이루어졌다. 당시 신교 프로이센 지역에서는 그 맹종이 의무 완수로 격상되고 공훈으로 해석되었다.

그러나 대부분의 역사학자들이 동의하듯이 프로이센 국가 건설의 결정적 시기는 더 나중 시기에, 즉 대선제후 프리드리히 빌헬름 1세의 손자인 프로이센 국왕 프리드리히 빌헬름 1세(재위 1713~1740) 치세였다. 형편없는 프로이센 용병대를 유럽에서 가장 대규모의 그리고 가장 잘 훈련된 군대로 탈바꿈시킨 이는 바로 이 '하사관 왕'이었다. 그는 무자비한 근대화론 주창자로서, 프로이센의 행정을 단일한 조세 행정 기구로 중앙 집중화했고, 전쟁·재정·내치로 구성된 총집정부를 설치했다. 프리드리히 빌헬름 1세의 치세 말기에 프로이센은 유럽에서 인구 대비 가장 큰 규모의 큰 상비군을 보유했고 가장 중앙 집중적이며 효율적인 행정 체제를 갖고 있었다.

   프로이센의 개혁은 군사와 행정 분야에 국한되지 않았다. 국가를 통일하고 국민의 일체감을 고취시키기 위해 프로이센은 과감한 사회 규율화를 이루어 냈다. 모든 국민에게 똑같은 방식으로 적용되는 엄격한 사회 규율을 정착시키는 일은 칼뱅교를 통해서였다. 종교 개혁 당시 제네바를 통치하면서 칼뱅이 적용한 규율은 성직자들의 도움하에 프로이센 국왕과 그의 행정 관료들에 의해 위에서 아래로 강제되었다. 이곳에서 칼뱅교는 독일의 다른 곳에서처럼 '제2의 종교 개혁'이란 미명하에 위로부터 도입되었다. 1613년 호엔촐레른의 선제후 요한 지기스문드와 그의 가장 가까운 조력자들이 칼뱅 파 목사로부터 세례를 받았다. 그러나 제2의 종교 개혁은 브란덴부르크 프로이센에서 부분적인 성공을 거두었을 뿐이다. 칼뱅교를 강제하려는 모든 시도들은 루터 파 성직자들과 지방의 신분제 의회에서 거센 반발을 불러일으켰다.

   하지만 이 개혁이 비록 종교적으로는 큰 성공이라고 말할 수 없었지만 국왕과 관료들에게 미친 영향은 지대했다. 외부적으로, 신앙의 교체는 합스부르크 제국과 가톨릭교회를 향해 공격적인 자세를 취하기 위한 초석이 되었고, 그리하여 브란덴부르크는 곧 프로테스탄트 세계의 주도 세력이 되었다. 내부적으로 그것은 충성스럽고 규율화된 시민의 봉사를 이끌어 냈다. '왕의 예복을 입은 청교도'라고 불릴 만큼 깊은 신앙심을 가졌던 프리드리히 빌헬름 1세는 위로부터 아래로 국가 기구의 개혁을 즉각적으로 시행했다. 먼저 그는 관료제에 수도원에 준하는 규율을 강제했다. 다음으로 그는 군대에 눈을 돌렸다. 그는 끝없는 신체적 구타와 도덕적 훈계를 퍼부었고, 종종 자신이 직접 나서기도 했다. 마지막으로 그는 칼뱅 파 교회에 자극받아 금욕주의적 개혁 운동을 펼친 루터 파 경건주의자들의 도움으로 공공 교육에 대한 대대적인 개혁을 수행했다. 그것은 유용하고 순종적인 신민을 만들어 내기 위해 도덕적 감독과 신체 단련을 결합시키는 것이었다. 프리드리히 빌헬름 1세의 행정 · 군사 · 교육 개혁은 브란덴부르크 프로이센을 신성 로마 제국의 후방 전초 기지에서 절대주의적 지배의 본보기이자 가장 강력한 유럽의 국가들 중의 하나로 변신시켰다. 이러한 성공의 비밀은 칼뱅교회에서 먼저 실험된 규율 전략을 사회생활 전반에 걸쳐 적용시켰다는 데에 있었다. 당시의 관찰자들은 프로이센을 '북구의 스파르타'로, 또는 거대한 감시자가 중앙에 위치하고 수감자들이 관리되는 거대한 감옥인 파놉티콘(벤담)에 비유했다.

근대 초 유럽에서 중세 때부터 내려온 의회 전통이 그토록 완전히 붕괴되고 국왕 중심적 행정이 그토록 공고히 관료제화된 곳은 어디에도 없을 것이다. 신분제 의회를 대신한 군사 관료 기구를 기반으로 프로이센은 대외 정책을 펴나가 프리드리히 2세(Friedrich II, 1712~1786) 때에는 슐레지엔과 서(西) 프로이센(폴란드 분할)을 합병하고, 또 제2, 제3의 폴란드 분할로 영지를 더욱 넓혀, 강대국으로 등장하기 시작하였다. 그 후 나폴레옹 시대에는 틸지트 조약(1807)으로 사실상 나폴레옹의 지배를 받기도 하였으나, 대(對) 나폴레옹 해방 전쟁에서는 주역을 담당하여 승리자가 되어 빈 회의에서 베스트팔렌·라인란트 등의 새 영토를 얻고, 안으로는 프로이센 개혁으로 여러 제도의 근대화에 힘써, 19세기 국제 정세의 주역으로 등장했다.

4

절대 군주는 어떻게 살았을까?

- 루이 14세는 왜 베르사유로 이사했을까?
- 태양왕은 어떻게 하루를 보냈을까?
- 프로이센의 왕들은 어떻게 왕 노릇을 했을까?

위기의 국면에서 성장한 절대 왕정 체제 하에서, 신으로부터 부여받은 절대적인 권력을 행사하며, "국가, 그것은 곧 짐이다."[7]라는 구호를 외쳤을 법한, 혹은 국가 전체를 군사 병영화하면서 국왕 중심의 강력한 행정 관료들로 무장했던 절대 군주는 과연 어떠한 존재였을까? 그는 왕권신수설이 예찬해 마지않듯이 과연 신의 위치에 올라섰을까? 정말로 그는 신들처럼 구름 위를 노닐었을까? 이제 절대적인 권력을 자랑한 임금님들의 하루를 살펴볼 차례이다. 우선 유럽 절대 군주의 모범으로 여겨졌던, 스스로 '태양왕'이라 칭했던 프랑스의 루이 14세, 그리고 17세기 후반 유럽의 새로운 강대국으로 등

---

[7] "국가, 그것은 곧 짐이다.(L'État, C'est moi.)"는 루이 14세의 절대 왕정을 상징하는 표현이지만, 사실 루이 14세가 이러한 말을 했다는 흔적은 어느 기록에도 남아 있지 않다.

장한 프로이센의 왕들의 삶을 차근차근 살펴보자.

루이 14세는 왜 베르사유로 이사했을까?

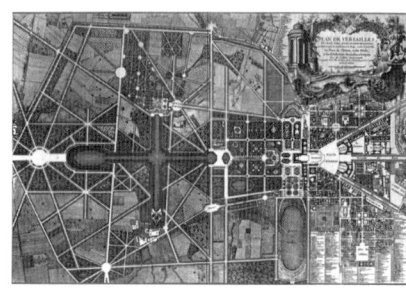

베르사유 궁의 조감도

서유럽의 대다수 왕정 국가들이 모범으로 삼고 모방하려했던 베르사유 궁정은 아마도 루이 14세가 이룩한 가장 눈부신 업적 중의 하나일 것이다. 궁정은 전통적으로 만족을 모른 채 불평만을 일삼던 봉건 귀족에 대한 사회적 지배를 위한 정치적 도구이자 국왕의 일과표에 따라 정확하게 움직이던 기계 장치였다. 이전에는 그 누구도 상상치 못했던 엄청난 규모의 이 왕궁은 절대주의의 한 표상이면서 귀족들의 질서와 규율을 위한 도구였다. 고위 귀족들은 지방의 영지에 있는 자신들의 성을 버려두고 국왕의 주위에서 맴돌기 위해 베르사유 시(市)의 비좁은 아파트에 거주하는 불편을 감내했다. 그러면서 귀족들은 자신의 영지를 효과적으로 관리하는 것이 어려워졌고, 봉건

제의 특징이면서 왕권에 대한 큰 위협이었던 지방할거주의가 서서히 사라지기 시작했다.

루이 13세의 사냥터였던 베르사유는 태양왕의 영광의 과시라는 명확한 목표를 지닌 왕궁 터로 용도 변경되었다. 1662년부터 건축가이자 정원 설계사인 르노트르(Andre Le Nôtre, 1613~1700)는 『이솝 우화(*Aesop's Fables*)』와 오비디우스(Publius Ovidius Naso, B.C. 43~A.D. 17)의 『변신 이야기(*Metamorphoses*)』에 등장하는 갖가지 동물과 신상들, 그리고 수많은 분수와 폭포, 이국적 식물들로 화려하게 장식된 정원을 설계했다. 이 정원에 이유 없이 존재하는 것은 아무것도 없었다. 정원이 존재하는 이유는 국왕의 권위에 대한 메타포였다. 성을 나와 정원에 들어서는 순간 사람들의 시선은 젊고 패기에 찬 루이 14세를 연상시키는, 황금 마차를 타고 아름다운 젊음을 과시하는 태양신인 아폴로로 향한다. 정원의 머리에 위치한 이 아폴로의 분수에서 모든 자연이 시작되는 것이다.

1669년 르 보(Louis Le Vau, 1612~1670)와 망사르(Jules Hardouin Mansart, 1646~1708)의 설계에 따라 성채가 건설되기 시작했다. 1층은 저부조로 장식된 돌벽으로, 2층과 3층은 각각 이오니아식과 코린트식으로 장식되면서 왕권의 장엄함과 위대함을 과시하고자 했다. 베르사유 궁의 이러한 특징은 훗날 고전주의라고 명명될 건축 양식의 핵심을 보여 주었다. 1682년 루이 14세는 베르사유에서 거주하기 시작했다. 성의 외벽과 내벽을 장식한 조각과 저부조 그리고 그림들은 신화라는 기호 체계를 이용해 절대주의를 표현하고자 했다. 신화라는 언어의 사용은 프랑스의 왕이자 베르사유의 주인이 신에 의해 기름 부음을 받은 자이며 왕의 위업은 신비로운 것이라는 것을 표현하기 위한 수단이었던 것이다.

  이 거대한 정원과 성채는 그 자체가 하나의 정치적 상징이었다. 국왕의 의지에 복종하는 듯한 베르사유의 자연과 돌들은 루이 14세가 자신의 왕국에서 이루려 했던 정치적 야심의 한 얼굴이었던 셈이다. 궁정 건물 그 자체로서 본다면, 베르사유는 거의 영구적인 공사장이었다. 공사는 1789년 프랑스 혁명이 발발할 때까지도 끊임없이 계속되었다. 매년 3만 6000여 명의 인부가 궁과 정원의 보수 및 유지에 투입되었고, 베르사유를 위한 공사 비용은 대략 한 해 예산의 3~4퍼센트에 달했다. 국왕의 단순한 거처를 위해 사용되는 비용치고는 지나친 액수라고 할 수 있을까? 그렇지는 않다. 프롱드의 난을 경험하면서 귀족들의 반란으로 루이 14세가 입은 피해를 고려한다면, 궁정을 건립하고 이를 통해 귀족들을 온순한 집단으로 만드는 것, 다시 말해 궁정인으로 만드는 편이 더 저렴

한 방법이었다.

국왕의 침실은 정원의 머리에 위치한 아폴로 분수에서부터 정원을 가로질러 시가로 이어지는 정중앙선상에 위치했다. 왕의 침실은 어떤 의미에서는 왕국의 심장이었다. 왕의 거주 공간은 다른 방으로부터 분리되어 마치 성당의 제대를 연상시켰다. 바로 이 방에서 국왕은 마치 두 신체의 합치를 이루는 듯한 일상의 의식을 치렀다. 물리적 신체로써의 국왕은 잠자리에 들 때 그리고 잠에서 깨어나면서 궁정인들의 알현을 받아야 했고, 정치적 신체, 즉 국가를 구현하는 인격체로써 국사를 논하고 외국 대사들 접견했다. 방의 한가운데에 놓인 침대에서 왕은 성 밖에 펼쳐진 베르사유 시를 내려다볼 수 있었다. 1671년 왕의 결정에 의해 건설되기 시작한 베르사유 시는 세 개의 대로로 분할된, 당시로써는 보기 드문 계획도시였다. 정원의 기하학적 구조는 그

그랑드 샤펠

대로 도시로 옮겨졌다. 이러한 공간의 합리화는 절대주의 근대 국가가 추구한 정치적 합리성의 구체적인 표현이었다.

그러나 이러한 합리성의 이면에는 종교적인 토대가 자리하고 있다. 베르사유 궁 역시 절대 왕정의 이러한 이중성을 놓치지 않는다. 1710년에 가서야 완성된 그랑드 샤펠(Grande Chapelle)은 왕권신수설을 바탕으로 한 프랑스 왕정의 신비한 능력에 대한 치밀하게 계산된 묘사라고 할 수 있다. 로베르 드 코트(Robert de Cotte, 1656~1735)에 의해 설계되고 성왕(聖王)이라 불리는 루이 9세(Louis IX, 1214~1270)에게 헌정된 이 신성한 장소에서 매일 아침 국왕을 위한 아침 미사가 거행되었다. 다른 소성당과는 달리 그랑 샤펠의 제대 앞에는 국왕을 위한 오직 하나의 좌석만이 배치된다. 미사에 참석하는 다른 궁정인의 자리는 2층 테라스에 마련되었다. 이러한 공간 구조는 천상계와 지상계의 매개자인 국왕을 형상화했다. 왕의 미사는 오직 신만이 책임을 물을 수 있는 신성한 국왕이라는 절대주의적 교리가 미사 참여자들에게 각인되는 정치 교육의 장이었다. 그리고 이 정치 교육은 보쉬에가 이야기한 그리스도교 다음의 두 번째 종교에 관한 교리 문답이기도 했다.

"군주에 대한 경배에는 무언가 종교적인 것이 있다. 신에 대한 봉사와 왕에 대한 존경은 결합된 것이다. 신은 군주들에게 신성한 무언가를 주셨다. 국왕을 존경하는 것은 결국 그리스도교 정신에 입각한 것이고 두 번째 종교라고 할 수 있다."

놀라운 위용을 자랑하는 베르사유는 왕의 집인 동시에 궁정 사회 전체의 숙소이기도 했다. 왕궁은 어마어마하게 큰 하숙집과 비슷했다. 루이 14세는 신하들이 궁정에서 머무르는 것을 반겼고, 그들이 베르사유에 숙박을 요청하는 걸 기뻐했다. 궁정과 관련된 어떤 직책도 맡지 않았던 생시몽 공작(Duc de Saint-Simon, 1675~1775)[8]은 "나는 거의 궁정을 떠나면 안 되었고, 내 아내도 마찬가지였다."고 말한 적이 있다. 특히 고위 귀족은 거의 늘 궁전에 체류하거나 베르사유 시내에 있는 호텔에서 궁으로 매일 출근했다. (그들은 지방에 있는 자신의 영지에 틀림없이 거대한 성을 갖고 있는 경우가 대부분이었다. 그들이 지방의 저택을 내버려 두고, 베르사유 앞에 만들어진 계획도시에 그리 넓지 않은 아파트를 주거지로 선택한 이유는 무엇인가?) 그 안에 사는 사람의 수도 웬만한 도시의 인구와 맞먹는다. 1744년에는 시종들까지 포함해서 1만 명 정도가 살

---

[8] 1675년 파리에서 태어난 생시몽은 젊은 시절 군대에서 경력을 쌓고자 했으나 곧 실패하고 루이 14세의 베르사유에서 결코 국왕의 총애를 받지 못한 채 궁정인으로 살아갔다. 그런 그가 유명해진 것은 20세부터 쓰기 시작한 그의 회고록 때문이다. 편파적이지만 진지했던 그는 왕궁에 출입하던 많은 인물들과 궁정 생활을 세밀하게 묘사해 냈다.

앉다고 하니, 말이 궁정이지 베르사유는 언제나 북새통이었다.

이런 규모와 위용은 실용적인 이유 때문이라기보다는 특권 소유자로서 왕이 지니는 권능의 과시였다. 매일 6,000명 이상의 귀족들이 들끓던 베르사유 궁은 귀족 사회의 무게 중심이었다. 베르사유라고 하는 작은 우주는 궁정 사회의 원심력이자 궁정 예식의 유일한 동력이었던 국왕이 통제하는 질서와 법칙에 따라 움직였다. 궁정 생활의 질서, 그것은 에티켓이었다. 이 에티켓은 놀랍게도 루이 14세의 지배와 권력을 위한 강력한 정치적 도구이기도 했다.

독일의 사회학자인 노르베르트 엘리아스(Norbert Elias, 1897~1990)는 『궁정사회』에서 궁정 체제가 어떻게 루이 14세 치하에서 그 완벽한 모습을 갖추게 되었는가를 보여주었다. 의례 규범에 있어서 군주는 복종적 상황을 상징적 행동을 통해서 가시화하는 행동 양식의 조직자였다. 국왕은 기침 의례에서 취침에 이르기까지 자신의 모든 행동에 대해 왕궁 안의 모든 사람들에게 세부적인 위치를 부여했고, 궁정인은 국왕이 정한 위치와 서열에 따라 자신이 절대 군주로부터 얼마나 사랑받고 있는지를 확인했다. 그것은 마치 태양에 가까울수록 더 많은 빛을 받는 태양계의 행성들과 같았다. 왕의 특별한 은총은 다양한 방식으로 표현되었는데, 예를 들어 국왕과 함께한 자리에서 등받이 의자에 앉을 수 있는 권한을 가진 자와 등받이 없는 의자에 앉는 자, 그리고 서 있어야만 하는 자 등이 구분되었다.

태양왕은 어떻게 하루를 보냈을까?

생시몽에 따르면 루이 14세의 지능은 평균 이하였으며, 부실한 조기 교육 탓에 너무나 무식해서 대부분 친근한 역사적 사실이나 그 외의 것들을 완전히 몰랐다고 한다. 과장일 수 있겠지만 전혀 틀린 말은 아닌 듯하다. 루이 14세 자신도 "다른 모든 사람들이 통달한 사안들을 나만 알지 못할 때 뼈저린 비애를 느낀다."고 밝힌 적이 있다. 그럼에도 루이 14세는 의심할 바 없이 서양에서 가장 위대한 왕이자 영향력이 가장 컸던 사람에 속한다.

루이 14세는 보통 8시 정각에 왕의 침대 아래쪽에서 자던 제1(침실)시종에 의해 깨워졌다. 다른 시동이 침실 문을 열고, 대시종장에게 왕의 기상을 보고한다. 그러면 제2시종장이 조식을 준비하러 궁정 주방(주방은 베르사유 궁정 건너편에 위치했다.)으로 갔고, 문 앞에 서 있는 제3시종은 허락된 사람들을 입장시켰다. 이때는 엄격하게 등급화된 여섯 집단이 순서에 따라 입장했다. 가장 먼저 직계 가족들, 왕의 적자와 손자, 왕자들과 공주들, 제1주치의, 제1외과의 그리고 제1시종과 시동이 들어온다. 그리고 내각 대신들과 의상 실장 및 왕이 명예를 인정해 준 남자 귀족 등의 대공 입장이 이루어진다. 왕에게 공문서를 읽어 주는 '제1순위 입장객'과 축하연을 관장하는 사람들이 들어간다. 네 번째로 의전실 요원을 포함하는 다른 각료들, 구호물자 담당관과 각 부서의 장관과 비서들, 국무 위원, 왕실 수비대, 제독이 입장한다. 5순위 입장객은 어느 정도 제1시종의 취향에 좌우되는데, 왕의 총애를 감안했다. 끝으로 모든 사람들이 가장 원하는 제6순위 입장객이 있다. 그들은 침실의 뒷문으로 들어간다. 여기에는 왕의 적자는 물론 서자 및 왕의 나머지 가족과 사위들이 포함된다. 이 순위에 속하는 것 자체가 상당한 총애의 표현이었다.

여기에서 모든 개별 과정은 정확하게 조직되었다. 이 모든 과정은 어떤 합리적인 이유에 의해 만들어진 것이 아니라 권력 분배의 상징으로 특권적 성격과 연관되었다.

이러한 궁정 예절에는 왕비도 예외일 수 없었다. 루이 16세(Louis XVI, 1754~1793)의 왕비이자 프랑스 혁명과 비극적인 종말을 맞이했던 베르사유의 장미 마리 앙투아네트(Marie

Antoinette d'Autriche, 1755~1793)의 아침 시간을 살펴보자.

왕비가 눈을 뜨면 먼저 궁정 시녀는 왕비가 상의를 입을 때 옷을 건넬 수 있는 권리가 있었다. 궁정 시녀는 왕비에게 속치마와 상의를 입혀 주었다. 그러나 우연히 왕가의 공주가 왕비 곁에 있을 경우에는, 이 공주에게 왕비의 옷을 입힐 수 있는 권리가 주어진다. 일단 왕비는 시녀들에 의하여 바로 옷이 벗겨졌다. 왕비의 (침실)시녀는 상의를 들고 있었는데, 방금 말했듯이, 오를레앙 공작 부인이 들어올 때는 상의를 내보인다. 그러나 시녀는 오를레앙 공작 부인보다 서열이 더 높은 프로방스 백작 부인이 왔을 경우에는, 공작 부인에게 건네려 했던 상의를 다시 돌려받는다. 이제 그 상의는 다시 (침실)시녀에게 되돌아왔으며, 일단 프로방스 백작 부인의 손을 통하여 마지막으로 다시 왕비에게 건네진다. 이 과정이 진행되는 동안 왕비는 신이 창조한 모습 그대로 발가벗은 채 서서 백작 부인들이 자신의 상의를 만지며 인사치레하는 모든 과정을 지켜보아야 했다.

왕은 서열의 차이를 만들고, 표창과 사면 그리고 그에 준하여 불신임을 행사하기 위해 자신의 가장 사적인 업무를 활용했다. 여기에서 이미 궁정 예법이 사회와 지배 형식을 구축할 때 매우 중요한 상징적 기능을 했다는 점이 암시된다. 제1순위 입장객들은 제3순위 입장객들을 멸시했고 그들의 특권을 양보하려 하지 않았다. 한쪽의 태도는 다른 쪽의 태도를 자극했고, 그런 식으로 압력과 반압력이 교차하면서 사회적 추진력은 요동치다가 일정한 균형을 이루며 안정되었다. 고통스러울 정도로 정확하게 짜인 궁정의 질서를 통하여 왕은 서열을 만들었고, 관심과 총애 때로는 불쾌감과 불신임을 표현할 수 있었다.

이 '허공을 맴도는 영구 기관'이 되어 간 궁정 예법을 통해서 국왕은 궁정인을 조종할 수 있었다. 궁정인들의 질투, 자존심, 상호 의무 그리고 경쟁심을 이용하여, 국왕은 총애를 나누어 줄 수 있는 유일한 인물로 부상했고, 말 한마디, 몸짓 하나로 상대방을 기쁘게도 또 당황하게 할 수도 있다. 왕권은 명예를 둘러싼 대귀족들의 야심을 균형 있게 유지하는 능력이라고 할 수 있었다.

"사회관계를 만드는 것은 누군가의 마음에 들고 싶어 하는 욕심이다. 인류에게는 다행스럽게도 사회를 파멸로 이끌어야 할 인간의 자존심이 사회를 강하게 하고 확고부동한 것으로 만든다."라는 몽테스키외(Charles-Louis de Secondat, Baron de La Bréde et de Montesquieu, 1689~1755)의 말은 절대 군주의 궁정에 대한 적절한 지적이었던 셈이다.

궁정 예법 내부에서 우선권의 위계질서가 잡히면, 그 질서는 권력 장치에 결부되었고, 이것은 다시 우선권을 보호하기 위한 사람들의 경쟁만으로도 유지되고 확산되었다. 루이 16세와 마리 앙투아네트 당시 사람들도 전반적으로 루이 14세 시대와 동일한 궁정 예법 아래에서 살았다. 왕과 왕비부터 시작하여 다양한 등급의 여러 귀족에 이르기까지 모든 참여자는 오래 전부터 강요된 예법을 지켜야 했다. 왜냐하면 예법을 포기한다는 것은 권리의 포기요 권력 기회와 특권 가치의 상실을 뜻하기 때문이다.

 이 사회의 지배층에게 그러한 권력 기회를 침해하거나 심지어 폐지하려는 것은 일종의 금기였다. 전통적인 질서의 극히 일부분이라도 건드려질 경우, 특권을 부여한 전체 지배 구조가 위협받거나 붕괴될 것을 두려워하는 광범위한 특권층이 거부감을 느꼈을 것이다. 그래서 모든 것은 전처럼 존속했다. 더 낮은 계층이나 덜 우선적인 특권층은 각각의 상위 계층이 특권을 유지하도록 (또는 이와는 반대로도) 압력을 행사했다. 제1순위 입장객은 제3순위 입장객의 특권만 가졌던 사람들을 멸시했으며, 그들에게 이 특권을 양보하려 하지 않았다. 즉 왕자는 공작에게, 공작은 후작에게 양보하려 하지 않았다. 그들은 모두 궁극적으로 '귀족'으로 행세하려고 했으며, 귀족 칭

호가 없거나 세금을 내야 했던 어느 신분에게도 특권을 양보할 수 없었다.

결국 국왕에게는 아주 특별한 지배 과제가 부과되었다. 왕은 서로 대립하는 궁정인들의 경향이 왕 자신이 보기에 제대로 작동하는지 끊임없이 주시해야 했다. 생시몽 공작에 따르면 국왕은 비밀리에 사람들을 감시, 미행해서 그들이 가는 장소를 알아내고 누구와 있었는지를 조사하고 그들의 대화 내용을 엿들어 캐낸 것을 왕에게 보고하도록 했다. 이러한 일은 베르사유, 마를리(Marly), 트리아농(Trianon), 퐁텐블로(Fontainebleau)와 왕이 있는 모든 궁에서 주도면밀하게 행해졌다. 왕은 상황에 따라 특정인을 초대하거나 초대하지 않는 무수한 축제와 산책 및 야유회를 보상과 처벌의 수단으로 활용하였다. 왕은 보상이 지속적이라는 인상을 주려고 충분한 은총을 베풀어야 하는 것은 아니라는 사실을 간파했기 때문에, 질투를 부추기거나 소소하거나 일상적인 이익 또는 자질구레하고 일상적이며 세련된 총애로 실질적인 보상을 대체하였다. 이런 방식으로 왕은 "은총을 분배했고 신하들을 지배하였다." 그러나 왕이 분배만 한 것은 아니다. 그에게는 궁정 안의 압력과 반압력에서 생기는 궁정에서의 권력관계에 대한 정확한 균형 감각도 볼 수 있었다. 궁정 예법은 단순한 의식이 아니라 신하들을 휘어잡는 도구였으며, 태양왕 루이 14세의 삶은 그 자체가 곧 통치였다. 그리고 이런 점에서는 누구도 왕만큼 머리가 잘 돌아가는 사람은 없었다.

프로이센의 왕들은 어떻게 왕 노릇을 했을까?

하사관 왕 프리드리히 빌헬름 1세의 통치 방식은 그야말로 학생 주임 교사이자 군대 상사 스타일이었다. 러시아의 표트르 대제(Pyotr I, 1672~1725)가 난쟁이를 모았듯이, 프리드리히 대제는 자신의 주변에 모아 놓은 키다리들에게 사족을 못 쓰는 기벽이 있었다. (신장 2미터나 되는 표트르 대제가 신분의 고하를 막론하고 키 작은 인재를 등용했다면, 프리드리히 대제는 전 유럽에서 키 큰 용병을 모집해 막강한 군대를 만들었던 것이다.) 그의 나머지 욕구들은 담배 연회에서 마구 담배를 피우고 맥주를 퍼마시며 거친 농담을 하면서 채워졌다. 거기에서 그는 사람들과 함께 철학자를 곰의 등에 묶어 놓고 버둥거리는 광경을 즐겼다. 다시 말해서, 그는 단골 술집의 술친구 같은 유머가 있었지만, 그의 아들은 몹시 달랐다. 평생의 동반자였던 지팡이로 마음에 들지 않는 사람들을 그야말로 두

들겨 팼다. 그 지팡이는 그가 위대한 프로이센을 건설한 두 제도, 즉 학교와 군대의 상징이었다. 1722년 프로이센은 가장 앞서서 모든 국민을 대상으로 의무 교육 제도를 도입했다. 모든 자치 단체는 학교를 운영해야했고, 한 세대가 지나자 프로이센은 유럽의 모든 국가들의 국민 교육 수준을 추월할 수 있었다. 왕의 지칠 줄 모르는 염려는 군대의 확충으로 향했다. 국가 예산의 3분의 2를 군대가 삼켰다. 귀족들에게는 장교 근무의 의무가 지워졌고 모두가 혹독한 훈련을 받았다. 기마대, 포병대와 보병대는 훈련을 통해 그 어떤 군대도 따라올 수 없는 기동성을 갖추었다.

프리드리히 2세(Friedrich II, 1712~1786)는 개인 집무실의 통치를 지속했다. 그는 총집정부의 각 부서에 많은 명령을 하달했고, 1752년에 가서는 국왕의 집무실에서 하달된 명령들의 요지를 보관하기 위해 기록 부서를 만들어야 했다. 게다가 왕은 모든 논쟁에 개입하고 이를 해결했다. 각 부서에는 한 명의 장관이 있었고 모두 네 명의 장관들이 모여 결정을 내렸다. 그러나 프리드리히 2세는 토론을 위해 시간을 허비하지 말 것을 명령했다. 네 명의 장관이 6분 안에 합의에 도달하지 못하면, 그들은 왕에게 자문을 구해야 했고, 왕은 사안을 결정했다. 프리드리히 2세는 그가 존경했던 루이 14세처럼 국왕 자신만이 외교와 군사·재정·행정의 사안을 결정하고, 왕국의 모든 자원을 집중할 수 있으며, 그것을 필요에 따라 사용할 수 있다고 주장했다. 국왕은 정부의 각 부처의 수장이어야 했다. 오직 국왕만이 정부의 모든 것을 다 볼 수 있었고, 오직 국왕만이 모든 것을 다 알고 있어야 했다. 그래서 국왕만이 공공선을 위해 모든 노력을 조율할 수 있었다. 또한 프리드리히 2세는 루이 15세(Louis XV, 1710~1774)의 특무 장관 체제에 적대적이었는데, 왜냐하면 "각각의 장관에게 고유한 체계가 있다는 것은 체계가 없는 것과 다름없기 때문"이었다.

프리드리히 2세는 자신의 결정을 참사회에서 내리지 않았다. 그는 1년에 두세 번 정도만 장관들을 보았을 뿐이다. 보통 때에 장관들은 국왕에게 보고서를 보냈다. 왕은 이 보고서의 분량을 두 쪽으로 제한했다. 이 보고서는 특별한 양식에 따라 구성되었는데, 먼저 보고서의 머리에는 간략한 목차가 있어야 했고, 문제의 사안에 대한 찬반 의견을 정리해야 했다. 그리고 이 보고서들은 독일어나 라틴 어가 아닌, 프랑스 어로 씌였는데, 왜냐하면 프리드리히 2세는 이 언어들을 싫어했기 때문이었다. 매일 저녁 우편물이 베를린에 도착했고, 다섯 명의 비서들이 이를 분류했다. 아침에 왕은 이 우편들에 대한 자신의 대답과 명령을 받아쓰게 했다. 그러면 비서들은 물러나서 왕의 명령을 편지 형식으로 만들었다. 국왕은 오후 늦게까지 일했다. 매일같이 3~40개의 명령들이 집무실에서 발송되었다. 국왕에게 휴가는 없었다. 이전의 왕들이 즐기던 휴가를 프리드리히 2세는 1748년부터 순회 감찰로 대체했다. 국왕은 통계 자료와 회계 장부, 인구 동향, 가축의 숫자를 기록한 노트를 지참했다. 국왕의 순회를 준비하는 각 부서는 그의 질문에 즉각 대답해야 했다. 그는 이름을 잊는 일은 있었지만 사람을 잊는 법은 없었다. 국왕은 자신의 집무 원칙으로서 무오류성을 내세웠는데, 그는 결코 명령을 번복하지 않았고, 자신의 실수를 인정하지 않았다.

대왕으로 불린 프리드리히 2세는 부친의 군대식 사고방식에 저항했다. 프리드리히 1세는 현학적인 근검 병참관의 덕목과 군마의 민감성을 함께 갖춘 지배자 유형에 속했지만, 그 아들은 문예 지향적인 성격을 보여 주었다. 여성처럼 파마를 했고, 플루트를 연주했으며, 독일어 대신 프랑스 어로 말했고, 종교를 즐겼으며, 카테 대위, 카이스 중위와 의심스런 관계를 맺었다. 요컨대 남성우월주의적 부친의 눈에 비친 아들의 모습은 탕아는 아닐지라도 프로이센을 통치하기엔 너무도 미숙하고 유약했다.

프리드리히 빌헬름 1세는 아들이 시를 읽는 장면을 목격했을 때 티(T) 자 지팡이로 때렸으며 어떤 때는 커튼 끈으로 목을 졸라 죽이려고까지 했다. 아들이 친구 카테와 영국으로 도주하려다가 발각되자, 부친은 그들을 군사 재판에 회부해 사형 선고를 받게 했다. 비록 아들을 사면하기는 했지만, 대신 아들이 친구 카테의 처형 장면을 똑똑히 보도록 했다. 그리고 아들은 구금되었다. 부친은 그가 충분히 단단해졌다고 느껴졌을 때, 그에게 프로이센의 경제와 행정을 연구하게 했으며, 브라운슈바이크의 엘리자베트 크리스틴과 혼인시킴으로써 그에게 일격을 가했다. 황태자는 라인스베르크에 칩거하면서 볼테르와 서신 왕래를 했는데, 이 일은 40여 년 동안 계속되었다. 그는 프리메이슨 단원이 되었으며, 영국 헌법을 찬양하기도 했고, 반 마키아벨리론을 집필했다. 그가 1740년 부친의 왕위를 물려받고 프리드리히 3세로 등극하자, 세계는 왕위에 앉은 철학자를 환영했다. 계몽주의는 제후들의 심장 속에 이미 들어와 있었다.

  그는 통치를 시작한 첫째 날에 고문 제도를 폐지했다. 며칠 후에는 종교와 언론의 자유를 선언했고, 베를린 학술원의 원장 자리에 자유사상가를 임명하고 이를 유럽 최고의 학술원 중의 하나로 만들었다. 그러나 그후에 그는 속이 빤히 들여다 보이는 이유를 들어 전쟁을 일으켜 오스트리아의 선량한 마리아 테레지아 여왕에게서 슐레지엔 지방을 빼앗음으로써 전 세계를 실망시켰다. 오랫동안 여왕은 그 침략의 추인을 거부했다. 그녀는 러시아, 프랑스와 동맹을 맺었는데, 프리드리히는 선수를 치기 위해 1756년 7년 전쟁을 일으켰다. 그리고 전 세계는 최초로 변방의 소나무 숲 너머에서 무엇이 새로 자라났는지를 깨닫고 놀라지 않을 수 없었는데, 바로 프로이센과 그 군대였다.

그리고 이 군대는 젊은 야전군 사령관 프리드리히의 지휘하에 세 강대국의 연합군을 향해 진격했다. 프리드리히의 군대는 영국의 재정 지원만을 받았을 뿐이지만, 빛나는 승리와 소모적인 패배를 거듭하며 연합군을 장기판의 말처럼 가지고 놀았다. 프리드리히는 프랑스 어를 사용했지만, 독일 제국의 무기력함에 익숙해져 가던 국민들에게 자긍심을 심어 주었고, 가장 작은 크기에도 불구하고 우월한 군사력을 바탕으로 이제부터 프랑스와 영국, 오스트리아, 러시아 등의 유럽 열강과 어깨를 나란히 하는 강국이 되었다.

5

절대 군주는 정말 절대적이었을까?

베르사유에서 귀족들을 조종하고, 모든 것을 통찰하던 절대 군주에게도 원치 않는 약점은 있게 마련이다. 왕권신수설과 사회 규율로 화장한 절대 군주의 맨얼굴, 아니 그의 주머니 사정을 살펴보자. 절대 군주가 내세운 절대적인 권력에 심각한 의문을 품게 하는 것은 바로 이 재정 부분일 것이다. 쉽게 말해서 절대 왕정은 과연 수지맞는 장사였을까?

프랑스 왕국의 재정은 어떻게 운용되었을까? 1635년부터 자리 잡기 시작한 프랑스 왕실은 징세 청부라는 독특한 세제 시스템을 갖고 있었다. 이 관행에 따라 국왕은 대금융가들을 상대로 조세 징수권을 경매에 붙였다. 국왕이 전쟁 수행을 위해 돈이 급하게 필요해 세금이 국고로 들어오는 기간을 기다리지 못할 경우, 국왕은 징세 청부업자에게 징세권을 경매로 팔았고, 청부업자로부터 정해진 세금의 액수를 미리 받아 썼다. 그 결과 왕국의 납세자들의 부담은 늘어만 갔는데 극단적인 경우, 징세액의 3분의 2가 국고로 들어가는 과정에서 증발해 버리기도 했다. 30년 전쟁을 비롯한 절대 국왕의 끊임없는 군사 활동은 왕국의 재정 지출을 증가시켰기에, 국왕은 이들 재정가들의 대부에 의존할 수밖에 없었다. 국왕은 자주, 아니 거의 매번 자신의 세입을 담보로 징세 청부인에게 대출을 받았다. 그리고 이 과정에는 가명 혹은 차명을 이용하면서 총괄 징세 청부인에게 돈을 대여해 주었던 프랑스 왕국의 부유한 상층부, 특히 귀족들이 있었다. 국왕은 필요한 경우 재정가들로부터 고리(대개 연리 25퍼센트)의 융자를 받아야 했다. 국왕은 이제 직접으로건 간접적으로건 자신의 돈줄에 어쩔 수 없이 의존하게 되었다. 절대 왕정에게 영양을 공급하던 탯줄은 확실히 재정가들의 손에 쥐어 있었다. 재정가들의 비리를 척결하기 위해 세워진 '정의 법정'은 이론적으로 백성의 고혈을 짜내는 거머리같은 재정가들을 혼내 주기 위한 것이었지만, 현실적으로 그렇게 하기 위해서는 너무 많은 사람들이 관련되어 있었다. 왕권에 의해 세워진 특별 법정들은 국왕의 재정을 횡령한 자들을 처벌해야 한다고 소리 높여 외쳐 댔지만 그 결과는 대개 밀실에서 국왕과 재정가들 사이의 일련의 타협으로 끝나 버렸다.

결과적으로 절대주의 국가를 유지시킬 수 있었던 가장 큰 경제적 토대는 농민이었다. 타이유(taille) 세[9]는 1610년 1700만 리브르에서 1644년 4400만 리브르로 지속적으로 증가했다. 타이유 세를 포함하여 왕국의 납세자가 부담한 총 세액은 1630년부터 10년 사이에만 무려 네 배가 증가했다. 백성의 조세 부담이 늘어난 만큼 왕실 재정은 형편이 나아졌을까? 오히려 그 반대였다. 루이 14세 치세 말기 연이은 두 전쟁, 아우크스부르크 동맹 전쟁(1688~1697)과 에스파냐 왕위 계승 전쟁(1701~1713)[10]은 상황을 더욱 악화시켰다. 조세 수입은 징수하기도 전에 이미 탕진되기 일쑤였고 루이 14세가 죽었을 때 국고는 파산 지경에 이르렀다. 신은 돈 계산에 그다지 밝지 못했던 모양이다. 1620년 이후 직접적으로 조세 압

---

9) 일종의 직접 재산세이다. 중세에는 전투에 참가하지 않는 주민에게 봉건 영주가 부과하던 봉건적이고 군사적인 의미를 지닌 세금이었으나 1439년부터 오직 국왕에 의해 부과될 수 있게 되었다.

10) 전자는 루이 14세의 영토적 야심이 야기한 전쟁이다. 그는 라인 강변의 서부 독일로 영토를 팽창하고자 전쟁을 일으켰다. 이에 맞서 네덜란드의 오란예 공 빌렘(영국왕 윌리엄)을 중심으로 독일 내의 유력한 영방 국가와 오스트리아, 에스파냐, 스웨덴, 사보이 등 유럽 전체에 대동맹(아우크스부르크 동맹)이 결성되었다. 프랑스 해군이 영국 해군에 패하면서 프랑스는 알자스 일부를 보유하는 데 만족하고 현상 유지에 합의했다. 그 후 4년 뒤 왕위 계승자가 없던 에스파냐의 카를로스 2세(Carlos II, 1661~1700)가 그의 전 영토를 루이 14세의 손자 필립에게 물려주고 사망하면서 일어난 전쟁이 에스파냐 왕위 계승 전쟁이다.

박을 받은 농민들이 한 해도 빠짐없이 반란을 일으킨 것도 결코 놀라운 일은 아니다. 하지만 흥미로운 사실은 그 많은 농민 반란에서 단 한 번도 국왕에 대한 분노나 비판의 목소리가 나오지 않았다는 점이다. 농민들의 표적이 되었던 것은 주로 징세 청부업자와 지방의 국왕 대리인들이었다. 백성들의 이야기는 언제나 그릇된 재정가들의 잘못으로 국왕이 자신들의 실정을 모르거나 아니면 알더라도 잘못 알고 있다는 식이었다.

프랑스 절대 왕정의 성립 과정에서 가장 흥미로운 제도상의 변화는 무엇일까? 아마도 제일 유명하면서도 독창적인 것은 폴레트(Paulette) 세의 도입이 아닐까 싶다. 1604년 이 기묘한 세제의 도입을 주장한 재정가 샤를르 폴레의 이름에서 유래한 폴레트 세는 1604년 12월 12일 앙리 4세에 의해 공식적으로 도입되었다. 관직 보유자가 관직 매입 가격에 대한 일정 비율의 액수(관직 가치의 60분의 1)를 매년 세금으로 납부하면서, 이에 대한 대가로 관직의 상속 또는 매각을 보장한 제도이다. 물론 폴레트 세가 존재하기 이전에 관직의 상속이 전혀 불가능했던 것은 아니다. 매매가 가능한 관직은 일찍부터 사유 재산의 한 형태로 간주되어 왔고, 상속 시에 일정한 상속세를 지불하면 그만이었지만, 여기에는 한 가지 단서가 목에 가시처럼 붙어 있었다. 바로 '40일 규정'이 문제였는데, 이

규정을 따르자면 관직을 상속하려는 당사자는 상속이 발생한 이후 40일을 생존해야만 했다. 만일 40일을 넘기지 못하는 경우에, 해당 관직은 국가로 환수되고 국왕의 재정을 충당하기 위해 재판매될 수 있었다. 폴레트 세는 납세자에게 40일 규정을 면제해 주었던 것이다.

  폴레트 세는 왕정의 세수를 안정적으로 늘리고 관료직에 대한 대귀족의 영향을 배제할 수 있게 되었다는 점에서 프랑스 절대 왕정의 필수적인 부분으로 자리 잡았다. 하지만 이러한 관직 매매를 통한 재정의 확보는 무의미한 관직의 증가로 이어졌다. 관직의 판매와 그에 따른 폴레트 세를 통한 왕정의 수입은 1620~24년 사이에 전체 세수의 약 38퍼센트에 육박할 정도로 증가했던 것이다. 그러나 폴레트 세는 이미 한 세기 이전부터 존재해 왔던 관직 매매의 관행을 법적으로 보장하면서 관직의 완벽한 사유 재산화를 초래했다. 관직을 보유한 자들은 이제 왕정에 대해 더 큰 독립성과 자율성을 갖게 되었고, 이는 절대 왕정이 예측하지 못한 결과를 낳았다. 국가의 공적 영역, 즉 사법과 행정 그리고 재정 분야에서 절대 군주의 영향력이 감소하고 공정성을 기대하기 힘든 부패 상황이 일반화되었다. 절대 왕정의 돈줄이 오히려 절대 군주의 발목을 잡는 형국으로 발전할 가능성은 이미 존재하고 있었다고 볼 수 있다.

그러나 사실 이러한 재정적 문제는 절대주의 체제의 더 근본적인 모순의 일각에 지나지 않았다. 루이 14세 치세 말기의 재정 문제는 좀 더 심각한 체제 위기의 한 표현이었던 셈이다. 바로 전쟁이다. 전쟁이야말로 문제의 심각함을 더 심각하게 만들고 그 결과를 악화시키는 주범이었다. 1672년 네덜란드 전쟁부터 프랑스의 대외 무력 갈등은 점점 더 중요해져 갔고 그 부담이 늘어 갔다. 그것은 직간접적으로 사회 전체에 영향을 끼쳤다. 1701년부터 1713년 사이에 벌어진 에스파냐 왕위 계승 전쟁에 65만 명의 프랑스 젊은이들이 병사로 복무해야 했다. 이는 같은 시기의 성직자 수보다 더 많은 숫자였다.

반복되는 전쟁은 그 자체가 절대주의의 주요한 도구였다. 병사들과 백성들에게 그것은 공포와 혼란이었지만, 왕에게 그것은 무엇보다도 가장 강력한 명령권의 일부, 즉 주권에 해당하는 것이었다.[11] 앞서 보았던 베르사유 궁전은 어떤 의미에서 강력한 전쟁 수행자인 국왕을 숭배하는 예식을 위한 신전과도 같았다. 최소한 그 신전에서 왕은 언제나 승리자일 수 있었다.

사실 절대주의는 전쟁의 산물, 다시 말해 군사적인 우월 의지가 만들어 낸 산물이라고 볼 수 있다. 끊임없이 이어진 대외전쟁은 국왕으로 하여금 예외적인 자금 조달 방법을 선택하게 했고, 전쟁과 그것이 수반하는 사회적 긴장이야말로 절대 왕정의 필수 조건이었기에 예외적인 방법은 반영구적 체제로 고착되는 경향이 짙었다. 즉, 전쟁이라는 위급한 상황은 예외적인 조건을 창출하며, 일상적 관행으로부터의 단절을 정당화했던 것이다. 이러한 시각에서 본다면 절대주의 체제란 비정상적, 예외적 상황이 영구화된 상태라고 볼 수 있다. 적어도 조세의 측면에서 이 점은 명확하다.

결국 절대 왕정이 추구한 왕권의 절대화는 결코 보편적인

---

11) 그러나 당시의 전쟁은 정치적 문제이면서 동시에 문화적인 현상이기도 했다. 장기적으로 지속되는 이 전쟁 문화는 서유럽 사회의 역사와 기능 그리고 그 상상의 세계에 깊은 흔적으로 남겼다. 제2신분인 귀족은 그 정의상 직업적인 전사 계층이 아니었던가? 명예와 용맹, 그리고 자기희생과 같은 귀족의 가장 숭고한 덕목은 피비린내 나는 전장에서 가장 화려하게 구현될 수 있었다. 그리고 그들의 용기는 가능하다면 전사 중의 전사이자 주군 중의 주군인 국왕이 보는 앞에서 발휘되는 것이 이상적이었다. 1654년 젊은 루이 14세가 지켜보는 가운데에서 벌어진 스테네(Stenay) 포위 공격 중에 날아든 포탄에 한 팔을 잃은 병사는 자신이 국왕을 위해 싸우다 팔을 잃었음을 자랑하기 위해 떨어져 나간 자신의 팔을 곧바로 주워들고 국왕에게 달려가서 보고했다. 보쉬에는 『성경의 말씀에 입각한 정치 (*Politique tirée de l'Écriture sainte*)』에서 명예로운 죽음에 대해 다음과 같이 설교했다. "용감한 죽음이 승리보다 더 영광스러울 때가 있다. 영광이야말로 전쟁의 지주이다. 조국을 위해 죽을 줄 아는 자들은 적들의 간담을 서늘케 할 명예로운 이름을 남기게 되며, 이로써 그들은 살아서보다 더 조국에 이로운 일을 하게 된다." 이 시기의 전쟁은 단순한 군사사의 차원을 넘어선 문화 인류학적 차원의 문제였다.

원리가 아닌 예외적인 상황의 산물이라고 할 수 있었다. 그 결과 절대 군주의 권력이 절정에 달할수록, 그것이 지닌 예외적인 상황 또한 극에 달하는 셈이었다. 중상주의 정책도, 과도한 세금도 엄청난 전쟁 비용을 감당해 내지는 못했다. 그 결과 절대주의가 사회의 규범으로 자리 잡았다고 해도, 절대 왕권의 절대성은 언제나 파산의 불안에 떨 수밖에 없었다. 전쟁을 할 수밖에 없고, 전쟁 수행을 위해 끊임없는 재정 압박에 힘겨워 한 절대 왕정하에서 국왕은, 몽테스키외의 말대로 "자신이 하고 싶은 것을 하지 못함은 말할 나위도 없고, 자신이 할 수 있는 것조차 제대로 할 수 없었다."

부록

영국은
왜 대륙의 나라들과
다른 길을 걸었을까?

- 영국 혁명은 어떻게 절대 왕정을 좌절시켰을까?
- 대륙의 나라들과 영국은 무엇이 다른 걸까?

영국 혁명은 어떻게 절대 왕정을 좌절시켰을까?

지금까지 우리는 주로 프랑스와 프로이센의 절대 왕정에 대해 이야기했다. 그렇다면 바다 건너편에 있는, 오늘날까지도 입헌 군주국으로 남아 있는 영국에서는 아무 일도 없었을까? 프랑스와 프로이센과 달리 영국에서는 권력의 강화, 나아가 절대화가 아니라 오히려 왕권의 제한이라는 결과가 나타났다. 국왕은 머리가 잘려 나갔고, 절대 왕정은 불가능한 이야기가 되어 버렸던 것이다.

여섯 번의 결혼[12]과 영국 종교 개혁으로 유명한 헨리 8세(Henry VIII, 1491~1547) 이후 단명한 에드워드 6세(Edward VI, 1537~1553), 그리고 피의 메리 여왕(Mary I, 1516~1558)의

불운한 시절을 마치고 드디어 엘리자베스 여왕(Elizabeth I, 1533~1603)이 왕위에 올랐다. 여왕은 에스파냐의 펠리페 2세와 공모해 자신을 암살하려던 스코틀랜드의 메리 스튜어트 여왕(Mary Stuart, 1542~1587)을 처형했고 (그녀가 더 예뻐서가 그랬던 건 아니다.) 이를 빌미로 펠리페 2세는 그 유명한 무적함대 아르마다를 파견했지만, 이 함대에는 병사보다 수도승이 더 많았고, 바람은 신교도 신의 명령을 더 잘 들었다. 아르마다 함대를 물리친 엘리자베스는 셰익스피어(Willam Shakespeare, 1564~1616)의 문학을 통해 눈부시게 빛났다. 헨리 8세와 엘리자베스 여왕 시대에 영국은 대륙의 중앙 집권화된 왕권 신장의 추세에 동참하는 듯 보였다. 이들의 재위 기간에 의회가 정기적으로 소집되었지만, 그다지 큰 힘을 발휘하지 못했다. 헨리 8세에 맞선 의원이 있었다면 그는 당장 목이 달아났을 것이고, 엘리자베스 1세는 너무 인기가 많았기 때문

---

12) 헨리 8세의 첫 번째 부인 아라곤의 캐서린은 왕자를 낳지 못했고, 이혼의 수모를 겪었다. 뒤이은 앤 불린은 엘리자베스의 어머니가 되었다. 헨리 8세는 앤 불린이 바람을 피웠다고 주장하며 살해하고 세 번째 부인을 맞았는데, 이 여자는 사내아이를 낳고는 사망했다. 네 번째 아내와 다시 이혼하고 다섯 번째 여자는 바람을 피운다는 혐의로 목을 베어 버렸다. 마지막 부인은 헨리 8세보다 더 오래 살아남았다. 영국 학생들은 그 여섯 명의 부인들을 '이혼, 참수형, 사망, 이혼, 참수형, 생존'이라는 공식으로 외운다.

에 많은 의원들이 그녀의 명령을 기꺼이 따랐다.

그러나 엘리자베스 여왕이 죽고, 그녀의 가까운 친척인 스코틀랜드 왕 제임스 6세(James I, 1566~1625)가 1603년 스코틀랜드 왕위를 유지한 채 제임스 1세라는 이름으로 잉글랜드 왕에 즉위하자 상황이 조금 달라졌다. '기독교 세계에서 가장 현명한 바보'라는 명성을 가져야 했던 이 인물은 왕권신수설의 대표적인 신봉자였고, 자신이 절반은 신이라고 생각했다. 그는 자신에 대한 저항을 결코 용납하지 않았다. 『자유로운 군주국의 참된 법(*The True Lowes of Free Monarchies*)』(1598)의 저자이기도 했던 그가 1610년 3월 잉글랜드 의회에서 행한 연설의 내용을 보자.

> 군주국은 지상에서 최고의 것이다. 왜냐하면 왕들은 지상에서 신의 대리인일 뿐만 아니라…… 그들 역시 신 자신에 의해 신들로 불리고 있기 때문이다…… 왕들은 지상에서 신의 권력 내지는 신의 권력과 유사한 권력을 행사하므로 신으로 불리는 것이 정당하다. 신의 속성을 생각해 본다면 그것이 얼마나 왕의 인신 속에 깃들어 있는가를 알 수 있기 때문이다. 신은 자신의 뜻대로 창조하고 파괴하고 만들고 부수는 권력을, 생명체를 살리고 죽이며 모든 것을 심판하고 누구로부터도 심판

받지 않을 권력을, 자신의 뜻대로 높은 것을 낮추고 낮은 것을 높일 권력을 지니고 있다. 그래서 영혼도 유체도 온전히 신에게 속하는 것이다. 이와 동일한 권력을 왕들도 가지고 있다. 그들은 백성들을 만들고 없애며, 그들은 높이고 매치는 권력, 살리고 죽이는 권력을 지니고 있다. 그들은 백성 모두에게 그리고 모든 문제에 있어서 심판관이며 신 이외의 그 누구에게도 책임을 지지 아니한다.

훗날 로버트 필머(Robert Filmer, 1588~1653)와 같은 영국 사상가에 의해 재확립될 이 왕권신수설은 왕정을 신성한 질서이자 자연적인 질서라고 내세운다. 왕정의 세습권은 결코 말소되지 않으며, 국왕은 신의 대리인이면서 신 자체이므로 왕에 대한 저항은 신의 징벌을 받아 마땅한 대죄인 셈이다.

이러한 극단적인 왕권신수설을 주장하는 것이 영국에서는 큰 반발을 불러일으켰다. 왜냐하면, 대륙에서와 달리 이 섬나라에서는 의회가 왕실을 통제해야 한다는 이론이 지배적이었기 때문이다. 귀족의 상원과 평민의 하원으로 구성된 영국 의회는 유난히 자의식이 강했고, 특히 하원은 각 지방의 대표 기관으로, 지방 세금을 중앙 정부가 거둬들이는 데 기여해 왔다. 게다가 왕은 신하들의 미움을 살 만한 정치적 실수를 남

발했다. 그는 의회가 동의한 적 없는 돈을 거둬들이려 했고, 이에 의회가 반대하자 아예 의회의 회기를 중단시켜 버렸다. 게다가 애국적인 영국인들은 제임스 1세가 에스파냐와의 전쟁을 거부했다는 이유로 그를 미워했다. 평화를 추구했다는 사실(전쟁을 하지 않음으로서 왕실은 커다란 재정 부담에서 벗어날 수 있었다.)은 오늘날에는 당연히 칭찬받아 마땅한 일이었지만, 당시의 영국인들에게 제임스 1세의 이러한 정책은 영국의 오랜 숙적인 에스파냐에 지나치게 우호적인, 그리고 대륙에서 어려움을 겪고 있는 신교도들에 대한 배신 행위로 간주되었다.

거의 모든 영국인들에게 인기 없는 제임스 1세였지만, 그중에서도 왕을 가장 혐오했던 것은 바로 퓨리턴들이었다. 스스로를 선민이라고 여겼던 이 전투적인 칼뱅교도들은 영국 국교회가 충분히 개혁적인 못하므로 이를 정화(purify)해야 한다고 주장했다. 특히 이들은 가톨릭교회의 주교제와 흡사한 국교회의 주교 '감독제'에 격렬히 반대했다. 그러나 제임스 1세는 자신이 임명한 주교가 강력한 군주의 위상을 떠받든다고 생각했고, 주교가 없으면 왕도 없다는 지론을 갖고 있었다. 당시 퓨리턴은 하원 의회의 지배적 당파였고 부유한 사업가들이었기에 제임스 1세는 치세 내내 이들과 다투어야 했다.

제임스 1세는 그나마 평화롭게 임종했다. 하지만 그의 아들 찰스 1세(Charles I, 1600~1649)의 운명은 많이 달랐다. 그는 선왕만큼이나 절대 왕정을 신봉했고, 당연히 의회 지도자들과 충돌했다. 그는 프랑스와의 전쟁을 위해 민가에 군인들을 숙영시키고 저항하는 사람들을 재판 없이 투옥시켰다. 이에 맞서 의회는 1628년 의회의 동의 없이는 과세할 수 없으며, 군인의 민가 숙영과 자의적인 투옥을 금지시키는 내용을 골자로 한 '권리 청원'을 제출했다. 찰스 1세는 이에 굴하지 않고 아예 의회 없이 통치하기로 결심했다. 1629년부터 1640년까지 의회는 소집되지 않았고 이 기간 동안 찰스 1세는 온갖 편법을 동원하여 각종 세금을 거두어들였다. 특히 해안 도시들에 제한적으로 부과되던 선박세를 전국으로 확대하고 이를 정기세로 만들었는데, 이 모든 정책들은 영국민의 분노를 사기에 충분했다.

이렇게 쌓인 분노는 스코틀랜드에서 반란으로 이어졌다. 찰스 1세는 칼뱅교의 일파인 장로교의 땅 스코틀랜드에 감독제 교회를 도입하려 했고, 이에 스코틀랜드 인들은 무장봉기로 응답했다. 이 의회는 '장기 의회'란 이름으로 역사에 남았는데, 왜냐하면 찰스 1세가 의회를 해산하지 않고, 대신 의회가 찰스 1세를 아주 먼 곳으로 보내 버렸기 때문이다. 반란을

응징하기 위한 자금이 필요했던 제임스 1세는 의회를 소집하는 것 외에 달리 선택의 여지가 없었고, 11년 만에 개회된 의회에서 그는 영국민의 억눌러온 적개심에 직면하게 되었다. 의회는 국왕의 재상 스트라포드 백작을 처형했고, 선박세를 폐지시켰다. 또한 국왕의 의회 해산을 금하고 최소 삼 년에 한 번은 의회 소집을 요구하는 법을 제정했다. 찰스 1세는 이러한 의회 활동에 무력으로 대응하고자 했고, 내전이 시작되었다. 전쟁 초기에는 주로 귀족들과 대지주들로 구성된 국왕파가 상인과 제조업자들로 구성된 의회파(단발파로 불렸다.)에게 우세했지만, 1644년 이후 올리버 크롬웰의 지휘 하에 의회군이 재조직된 이후 (신앙심 강한 퓨리턴들로 구성된 이 군대는 신형군과 철기군으로 불린다.) 전세는 역전되어 결국 국왕은 1646년 항복해야만 했다.

그러나 싸움은 여기서 끝나지 않았다. 스코틀랜드 장로파와 연합했던 의회 내 다수파가 장로교를 국교로 정한다는 조건하에서 찰스 1세를 왕위에 복귀시키려하자, 독립파로 알려진 급진 퓨리턴은 크롬웰(Oliver Cromwell, 1599~1658)의 지휘하에 이에 반대하였다. 의회의 분열을 틈타 1648년 찰스 1세는 전쟁을 재개했지만, 곧 항복할 수밖에 없었다. 크롬웰은 이제 무력으로 모든 장로교도를 의회에서 쫓아내고, 남아 있는 의회(잔여 의회라고 부른다.)로 하여금 군주제를 끝장내도록 했다. 1649년 1월 30일 찰스 1세는 형리의 발 앞에 자기 머리를 내려놓아야 했고, 그 결과 영국은 공화국(Commonwealth)이 되었다. 이 시나리오는 유럽에서 두 차례에 걸쳐(프랑스와 러시아) 재현될 것이었다. 물론 이 공화국은 그리 오래 가지 못했고, 1660년 영국 의회는 망명 중인 찰스 1세의 아들을 찰스 2세(Charles II, 1630~1685)로 옹립했다. 찰스 2세는 의회를 존중했고 권리 청원 준수에 동의했다. 그 결과 영국은 절대주의 프랑스와는 분명히 다른 제한 군주정 국가가 되었으며, 의회 민주주의의 첫걸음을 내딛는 나라가 되었다.

대륙의 나라들과 영국은 무엇이 다른 걸까?

같은 유럽 대륙 내에서 왜 어떤 나라에서는 절대 왕정이 수립되었고, 다른 나라에서는 절대 왕정이 실패하고 보다 민주적인 성격의 제한적 왕정으로 발전하게 되었을까? 이 문제는 근대 초의 국가 형성을 둘러싼 문제와 관련이 있는데, 이에 대한 연구는 크게 두 가지 접근 방식, 마르크스주의와 제도주의(institutionalism)에 의해 주도되었다.

1) 마르크스주의적 가설

대표적인 마르크스주의 연구로 페리 앤더슨(Perry Anderson, 1938~)의 『절대주의 국가의 계보(*Lineages of the Absolutis State*)』(1979)와 월러스틴(Immanuel Wallerstein, 1930~)의 『근대 세계 체제(*The Modern World-System*)』(1974~1989)를 들 수 있다.

앤더슨에 따르면 근대 초는 '절대주의 시대'였다. 절대주의의 기원은 인구 과잉과 과잉 정착이 귀족이 토지를 장악하는 힘을 약화시키기 시작하면서 나타난 14세기 서유럽 봉건제의 위기에 있다. 동시에 상업이 부활하면서 새로운 도시 상인 계급이 흥기했는데, 이들은 귀족이 정치권력을 독점하는 것에 도전했다. 이렇듯 농촌과 도시에서 농민과 상인들의 위협을 받자, 서유럽의 귀족은 자신들의 지위를 유지하기 위해 국왕의 품 안으로 들어올 수밖에 없었다. 스페인과 프랑스, 잉글랜드와 오스트리아에서 성립된 일련의 새로운 왕조들은 농민과 상인들에 맞서 귀족과 결탁했고 그들의 권력을 유지시켜 주었다. 앤더슨에 의하면 절대주의를 가능하게 한 사회적 토대는 바로 이러한 결탁이었다. 절대주의 국가는 "재충전되고 전환된 봉건적 지배 기구"였다. 반면 동유럽에서는 사회 경제적 조건이 명백히 달랐다. 미개척지가 여전히 많이 남아 있었고 인구는 분산되어 있었으며 도시는 허약했다. 따라서 봉건

제를 뒤흔든 것은 자생적인 내부의 위기가 아니라 서유럽의 절대주의가 제기한 군사적 위협이라는 외래적 요인이었다. 이러한 위협에 응답하기 위해 동유럽의 지배자들은 상비군을 건설하고 이를 재정적으로 지원하기 위한 자원을 끌어 쓸 수 있는 추출 기구를 집중시켰다. 그러나 농민과 상인 계급이 허약했고 절대 왕정의 이러한 맹습에 저항할 수 없었기에 절대주의는 특별히 거칠고 전제적인 형태를 띠게 되었다. 서유럽에서 절대주의가 귀족들에게 점차 쇠락하는 그들의 사회적 권력을 보상해 준 반면, 동유럽에서 절대주의는 재판 농노제를 통해 귀족의 사회적 지위를 강화시켰다. 앤더슨은 국제적인 군사 경쟁이 행한 일정한 역할을 인정하지만, 그럼에도 근대 초 국가 형성을 기본적으로는 사회 경제적인 방식으로 설명한다. 그가 강조하듯이 국가 구조는 생산 양식과 그 결과물인 계급 관계의 양식에 의해 결정되는 것이다.

월러스틴은 귀족에서 상인, 농민으로 이어지는 계급 간의 관계보다는 교환 관계를 더 우선시한다. 그에 의하면 국가의 구조는 근대 초에 처음 모습을 드러낸 "자본주의적 세계 체제"라는 세계적 생산 체제 안에서 각 국가가 차지한 위치에 대응한다. 이 교환 관계 체제는 세 개의 주요한 지역으로 나누어지는데, 중심부와 주변부 그리고 반주변부가 그것이다.

교역을 통제하는 선진적인 경제의 중심부에서는 지배적인 상인 계급의 이해관계에 봉사하면서 국민 문화와 결합된, 강력한 국가 기구를 소유한 강력한 국가가 성립한다. 중심부를 위한 노동 부역과 원료 제공처의 역할을 하는 경제적으로 후진적인 주변부에서는 자율성을 결여한 허약한 국가가 성립한다. 여기에서는 지배적 계급조차도 선진적인 제국의 속박에 묶여 결코 자유롭지 못하다. 중심부와 주변부 사이에 위치한 반주변부는 흥기하고 몰락하는 국가들, 그리고 인구가 적은 한계 지역이며, 몰락하는 사회 계급에 의해 통제되거나 국가 건설을 주도할 수 있는 엘리트층이 형성 중인 지역이다. 월러스틴은 국가 발전을 일련의 인과 관계의 사슬로 설명한다. 세계 체제 안에서의 다양한 역할은 "다양한 정치 체제를 발생시키는 서로 다른 계급 구조를 야기한다."

2) 제도주의적 가설

마르크스주의자들과 대조적으로 제도주의자들은 국제적 군사 경쟁을 국가 형성의 주요 원인으로 간주한다. 제도주의자들은 두 가지 측면에서 마르크스주의자들에 반대한다. 그들은 먼저 경제와 국가가 엄격하게 같이 발전한다는 마르크스주의적 단계 이론이 지나치게 단순해서 유럽사의 여러 단계에서 다양한 모습의 국가들이 존립 가능하다는 점을 무시하고 있다고 비판한다. 두 번째로 그들은 마르크스주의자들이 국가 발전에서 사회 경제적 측면을 강조하면서 국가 간의 군사 경쟁이 지닌 중요성을 간과하고 있다고 주장한다. 제도주의자들의 최근 연구는 근대 초의 국가 구조와 힘이 매우 다양하게 나타났음을 주목하고 군사적 동원과 경제 발전 사이의 상호 관계를 설명하고자 한다. 나아가 그들의 설명 틀에 사회 경제적인 동시에 지정학적인 다양성을 포함시킨다. 이러한 접근 방식을 '조세 군사 모델'이라고 부른다. 이 모델에 입각한 두 가지 버전은 다음과 같다.

먼저 찰스 틸리(Charles Tilly, 1929~2008)는 『국민국가의 형성과 계보: 강압, 자본과 유럽 국가의 발전(*Coercion, Capital, and European States, A.D. 990~1990*)』에서 제도주의적이고 마르크스주의적인 국가 발전 모델을 종합하려 했는데 "전쟁이 국가 형성과 변화를 이끌었다."는 제도주의자의 주장을 재확인하면서, 이와 동시에 경제 발전의 수준이 군사 동원 전략에 영향을 주었다고 말한다. 국가 구조가 서로 다른 것은 (예를 들어 영국과 프랑스) 군사적 경쟁과 경제 발전의 상호 관계에 의해 가장 잘 설명된다는 것이다. 자원이 부족한 곳에서, 즉 경제적으로 낙후한 지역에서 국가는 중앙 집중화된 추출 기구들을 통해 국가 구성원들로부터 필요한 자원을 직접 추출해 낼 수밖에 없다. 반면 자원이 풍부한 곳에서, 즉 경제적으로 앞선 지역에서 지배자들은 자본가들과의 협조하에 필요한 자원을 끌어낸다. 일부 가장 강력한 국가들은 경제 발전의 이익과 국가 행정의 중앙 집중화를 성공적으로 결합시켰다. 틸리는 국가 형성의 세 가지 길을 '강력한 강제', '강력한 자본', 그리고 '자본화된 강제'로 분류한다. 이 길들은 역사적으로 세 개의 서로 다른 국가 형태와 일치하는데, 차례로 '조공 수취 제국', '영토적으로 분할된 국가들' 그리고 '국민 국가'가 된다. 결론적으로 그는 마지막 국가 형태가 격렬한 군사 경쟁을 버텨 낼 수 있었다고 주장한다.

정치학자인 브라이언 다우닝(Brian M. Downing, 1945~)은 사뭇 다른 설명을 제시한다. 그는 독재와 민주주의의 기원에 대한 베링턴 무어(Barrington Moore, 1913~2005)의 견해를 추종하면서, 근대 자유 민주주의의 뿌리가 대부분의 유럽에서 공통적으로 발견되는 '중세의 헌정주의' (영국 의회는 이러한 중세 헌정주의의 대표적인 결과물이다.) 즉 지방 정부와 의회 기구 그리고 법치라는 전통에 있다고 주장한다. 어떤 나라에서는 헌정주의가 살아남아 민주화를 위한 기초를 제공했고, 다른 곳에서는 그것이 사라져 독재정의 길을 열었다는 것이다. 왜 다른 길을 걷게 되었는가? 다우닝에 의하면 문제의 전환점은 바로 상비군의 창설을 유도한 16세기의 '군사 혁명'이었다. 용병으로 구성된 상비군을 일으키고 유지하면서 근대 초의 지배자들은 엄청난 조세 압박을 받았다. 프랑스와 브란덴부르크 프로이센과 같이, 국내에서 필요한 자원을 동원하려던 곳에서 신분제 국가의 대의 제도는 파괴되고 국왕의 통제하에 중앙 집중적 관료제로 대체되었다. 그 결과 '군사 관료제적 절대주의' 체제가 들어섰다. 반대로 잉글랜드처럼 지리적인 이유 때문에 군사 혁명에서 상대적으로 자유로웠던 곳, 또는 자원 동원을 위해 다른 수단들을 발견할 수 있었던 곳에서는 헌정주의적인 제도들이 살아남아 19세기의 민주화를 위한 제도적 기초를 제공했다는 것이다. 국제적인 군사 경쟁의 필요성을 단순히 무시했던 폴란드와 같은 국가들은 정복당하고 파괴되었다. 결국 다우닝의 결론은 '독재와 민주주의'의 기원이 사회적인 것도 정치적인 것도 아니라는 것이다. 그것은 각 국가가 16세기 군사 혁명에 어떻게 대응했는가에 달려 있었다.

결국 조세 군사 모델은 다음 두 가지 기본적인 결과로 구별될 수 있다. 틸리가 주장한 대로 강력한 강제와 강력한 자본의 대결 또는 다우닝의 주장처럼 군사 관료주의와 헌정주의의 대결로 요약된다. 더 단순히 말하자면 그것은 절대주의인가 아닌가의 대비이다. 이러한 유형의 문제는 그것이 역사적으로 그리고 이론적으로 충분히 설명되지 않는다는 것이다. 예를 들어 틸리가 강조하는 대단히 다양한 비(非)절대주의적인 정치 구성체들(베니스와 같은 도시 국가, 한자 동맹과 같은 도시 연합, 네덜란드 공화국과 같은 연방 국가들)은 모두 '강력한 자본'의 항목 안에서 함께 뭉뚱그려진다. 유사한 방식으로 다우닝 역시 '중세 헌정주의'의 기본 요소들이 중앙 집권적인 왕정의 공격을 견뎌 낸 모든 국가들을 함께 묶어 버린다. 이러한 유형은 구조와 힘에서 근본적으로 다른 국가들, 예를 들어 폴란드의 신봉건적 귀족 공화국, 스웨덴의 정복 지향적인 군사 제국, 북부 네덜란드의 공화국 체제들을 모두 포함한다. 그리하여 틸리와 다우닝이 절대주의와 비절대주의의 발전 과정을 잘 설명하긴 했지만, 이것이 비절대주의 국가의 다양한 유형들을 구별해 내지는 못한다.

마르크스주의적 설명이건 제도주의적 설명이건 어느 하나의 이론으로 모든 것을 종합하는 것은 어려워 보인다. 다만 이러한 주장들은 의문을 풀어내고 또 다른 의문들을 만들어 나가는 데 있어서 유용한 지침이 될 수 있을 것이다.

더 읽어 볼 책들

- 노르베르트 엘리아스, 박여성 옮김, 『**궁정사회**』(한길사, 2003).
- 베링턴 무어, 진덕규 옮김, 『**독재와 민주주의의 사회적 기원**』(한길사, 1990).
- 이매뉴얼 월러스틴, 나종일 외 옮김, 『**근대세계체제 1-3**』(까치, 1999).
- 임승휘, 『**프랑스 절대 왕정의 탄생**』(살림, 2004).
- 장 보댕, 임승휘 옮김, 『**국가론**』(책세상, 2005).
- 주경철, 『**테이레시아스의 역사**』(2002, 산처럼).
- 찰스 틸리, 이향순 옮김, 『**국민국가의 형성과 계보: 강압, 자본과 유럽 국가의 발전**』(학문과 사상사, 1994).
- 페리 앤더슨, 김현일 옮김, 『**절대주의 국가의 계보**』(까치글방, 1997).

봐야 할 영화

- **「왕의 춤(Le Roi Danse)」**(2000). 제라르 코르비오 감독, 브누아 마지멜, 체키 카리오, 보리스 테랄.

  여장 가수 「파리넬리」의 감독 제라르 코르비오(Gérard Corbiau)가 감독한 「왕의 춤」은 (국내에서는 큰 인기를 얻지 못한 채 일찍 종영되고 말았다.) 이탈리아 출신으로 루이 14세의 궁정 음악가가 된 륄리(Lully, 1632~1687)의 이야기를 그리고 있다. 루이 14세의 열렬한 숭배자였던 륄리는 젊은 태양왕의 권위와 위세를 북돋우는 궁정 음악의 제작자였고, 영화는 륄리의 궁정 음악, 특히 무도회곡과 공연용 작품들을 소개한다. 코르비오 감독은 이 작품을 만들면서 20년 전 출간된 『기계 왕, 루이 14세 시대의 연극과 정치』에서 많은 영감을 받았다. 루이 14세의 베르사유 궁에서 벌어진 수많은 무도회와 공연은 결국 귀족 길들이기, 봉건 귀족의 궁정인화를 도모하기 위한 도구였다. 무도회는 당시의 정치적 상황, 프롱드적인 기질의 귀족들에 대한 절대 왕정의 승리를 표현하기 위한 무대였던 셈이다. 태양의 이미지를 자신의 표상으로 삼은 군주는 자신을 중심으로 왕국이 하나로 통합되었음을 음악과 공연을 통해 표현하고자 했다. 궁정 무도회도 단순한 무도회가 아니라 절대주의 권력의 상징적인 예식이자 표현이었다.

- **「크루셔블(The Crucible)」**(1996). 니콜라스 하이트너 감독, 다니엘 데이 루이스, 위노나 라이더.

  미국의 극작가 아서 밀러(Arthur Miller)의 원작을 토대로 한 이 영화는 1692년 미국 매사추세츠 주 세일럼이란 마을에서 벌어진 실제 사건을 극화한 작품이다. 아서 밀러는 이 작품을 쓰면서 1950년대 미국을 휩쓴 매카시 열풍과 대중의 광기를 비판했다. 작품은 바닷가에 위치한 한 작은 마을에서 소녀들의 장난으로 시작한 놀이가 마녀사냥으로 비화하고, 그 과정에서 마을 내의 복잡한 인간관계가 뒤얽히며 비극의 소용돌이로 치달아 가는 과정을 그리고 있다. 16세기 유럽의 마녀사냥과 직접적인 관련은 없지만, 마녀에 대한 대중의 인식과 마녀사냥이 대규모로 확대되는 방식, 그리고 공권력의 개입이 어떠한 역할을 하는지에 유의하면서 감상하는 것이 포인트다.

민음 지식의 정원 서양사편 008

근대
유럽의 절대 군주는 어떻게 살았을까?

1판 1쇄 찍음 2011년 8월 19일
1판 2쇄 펴냄 2018년 9월 20일

지은이 | 임승휘
발행인 | 박근섭
펴낸곳 | ㈜민음인

출판등록 | 2009. 10. 8 (제2009-000273호)
주소 | 06027 서울 강남구 도산대로 1길 62 강남출판문화센터 5층
전화 | 영업부 515-2000 편집부 3446-8774 팩시밀리 515-2007
홈페이지 | minumin.minumsa.com

도서 파본 등의 이유로 반송이 필요할 경우에는 구매처에서 교환하시고
출판사 교환이 필요할 경우에는 아래 주소로 반송 사유를 적어 도서와 함께 보내주세요.
06027 서울 강남구 도산대로 1길 62 강남출판문화센터 6층 민음인 마케팅부

ⓒ 임승휘, 2011. Printed in Seoul, Korea

ISBN 978-89-6017-082-7 04900
ISBN 978-89-94210-50-6 (세트)

㈜민음인은 민음사 출판 그룹의 자회사입니다.